曹洞宗 葬式・法事の仕方

茂木無文 著

国書刊行会

曹洞宗 葬式・法事の仕方／目次

第五章　念誦および回向の意義

第六章　出家の葬式

第一章　総　序

1 緒　言

葬式・法事といえば、朝夕の勤行と等しく寺院における最も平凡な、最も通例な法要で、その仕方のごときを今さら喋々《ちょうちょう》する愚を笑う者もあるであろう。しかし、最も平凡なものほど最も粗略に扱われるもので、お葬《とむら》いぐらいだれでも知っていると思うと、なかなかそうはいかない。

昔の小僧は、なにごとをおいても「大悲咒」からはじめて、日常用いる諸経・諸咒を師父から口伝えに教わったもので、朝夕の勤行ぶりもいつとはなく覚え、資兄《すひん》・長上に連れられて葬式にも行き法事も勤めたから、立職までにはふつうひととおりの法要はよく諳《そら》んじたものである。

しかるに、今のお小僧は学業が忙しいのと、実子たるの盲愛にわざわいされて、昔のような苦労を重ねていないむきが多い。したがって、単独で朝課さえ読めないくらいだから、そうとうの年齢に達して宗法上の分限だけは取得していても、檀徒に引導を渡す術《すべ》も心得ないでいる。

大般若会とか出班焼香とか、歎仏懺法《たんぶつせんぼう》などいう大法要は、とくに長上の指導を受けるにはばかるところが少ないが、葬式・法事というごとき平凡な法式は、知らないともいいかねて、事に臨んでまごつくことは、こんにちの坊さんとしてけっしてめずらしくない。師長たるものも、あやしいとは思っても、いちいち指導するにはあまりに平凡なためにさしひかえる点もあって、けっきょく知らずじまいにすぎてしまう。

これでは困ると思ったあまりに、この小冊子に筆を呵《か》すこととしたが、不学かつ見聞の狭い自分のこととて、けっきょく一地方の管見にすぎなかったことを慚愧《ざんき》する。

もしこの冊子によって些少でも読者を裨益するところがあったなれば、自分としてはじつに望外の幸せと思う。

2　法式と伽藍

法式は信仰の具体化であることは今さら申すまでもないことで、寺院の伽藍がそのために不用と思われるほどに広大な建築物であることも、この点からみてあえて不思議ではないのである。

しかるに現今では、この神聖なるべき伽藍殿堂がほとんど保存に困る無用の長物視されているほどに社会の状勢が変化してしまっている。これはまことに情けないことであるが、またもっていたしかたのないしだいである。

たいがいの寺院が大きな殿堂を有しながら、年に一度か二度の恒規《ごうき》法要《ほうよう》に使用する以外は、まず檀家の葬式・法事の用に供するぐらいで、平素ほとんど空家《あきや》同然のありさまで、農村の貧寺などでは、御本尊の正面をもはばからず、農蚕の用に供して平気でいるようなのを拝見する。もっとも、いたずらに遊ばせておいて虚しく畳を腐らすよりも、なにかの用途にしていささかでも有効ならしめるのもひとつの方法ではあろうが、しかし殿堂本来の目的からみれば、なんとも申しようのない状態といわねばならぬ。

こんな状態はひとえに時勢のしからしむるところとはいえ、じつを申せば寺院住職すなわち僧侶自身の不心得にもよることというをはばからない。その理由は、あらためていうまでもなく、寺院生活すなわち僧侶の日常が信心から出発したのでなく、まったく職業として＝生活の方便としていとなまれているからである。僧侶とても生きた人間であるからには、ぜひとも食っていかねばならぬ。

しかるに一地方としての名刹二、三を除いては、たいていの寺院が、その宗門のいずれに属するかを問わず、いわゆる「食えないお寺」で大多数を占めている。都会地の寺院はべつとして、農村のお寺でなにかの兼業なしに無事に生活していけるだけの資産を有するものは、まことに少数にすぎない。

そこでやむをえず、小学校の教員なり役場の書記なり、ないしその他の給金取りなどを兼業するむきはむしろ上々の部で、ふつうはまず百姓坊主たらざるをえないのである。

僧侶の生活が絶対無妻主義であった昔では、かなり貧乏な小寺でもなんとか生きる方便もあったであろうが、妻子なき僧侶は絶無といってよいこんにちでは、さような状態におちいることは万々いたしかたのないことで、だれになんと小言をいわれても、またいかに「寺院の使命」や「僧侶の責務」を説明されても、御無理御尤《ごむりごもっと》もと聞き流すほかはないのである。

3　僧侶と葬式

そこでけっきょく、殿堂伽藍を擁する寺院としてのただひとつの存在の理由は、檀家の葬式・法事に事を欠かさぬという点に帰着するほかはなくなる。近来農村の疲弊から、父祖の年回法要などはよほど気の利いた家でなければめったにいとなまぬようになってきたが、葬式だけは死人がでればいやおうなく行なわねばならないから、どうでもお寺が必要になってくる。

もっとも近来、都会地などでは「告別式」と称する一種の葬式が流行しているが、これは時間や経費の節約からはじまったものと思われる。したがって、その多くは寺院とか斎場とかを利用せずに、居宅をそのまま斎場としてすこぶるかんたんに執行する方式となっている。こうなると、もはやお寺そのものが自然に不要化してくるので、葬式執行が唯一の用途である伽藍も、ついにお払い箱となる運命が到来するわけで、お寺の恐慌はますますはなはだしくなってくる。

しかし、告別式も仏式で行なわれるかぎり、伽藍は不要になっても坊さんだけはぜひ雇わねばならないから、僧侶の用途(?)まで危うくなるとはかぎらない。

葬式の様式も近来種々あるので、葬式かならずしも仏式とはかぎらず、神式もありキリスト教式もでき、また場合によってはすべての宗教的儀式によらずに、親戚や知人だけで静粛に告別するなんという変わった行き方もあるとのことであるが、しかし従来の習慣とでもいうか、葬式といえばただちに仏式を連想し、会葬すればかならず「焼香」がつきものとなっているので、葬式に行って焼香をせねばなんとなくものたらぬ感じがするし、故人をさして「この仏」と呼ぶのが一般人の心理状態となっているから、この習慣がぜんぜん滅却せざるかぎり、葬式と坊さんは切り離せないという国民的観念も存続するわけで、したがって葬式をつかさどる者としての坊さんの用途は、近い将来において湮滅《いんめつ》するとは考えられぬしだいである。

4　葬式にたいする態度

葬式も、それが仏式で行なわれる以上は、りっぱに法式のひとつであることは申すまでもない。しかるに前にもいったとおり、法式は信仰の具現である。むろん葬式の施主なり司会者なりが明らかにそれと意識しているかどうかははなはだ疑わしいことで、いな、むしろ施主たり司会者たる習慣上、坊さんを頼まねば葬式がなりたたないという漫然たる態度でいるのであろうが、しかし施主の気持ちがなんであろうと、法式をつかさどる僧侶としては、その法式はりっぱな信仰の具体化であることを意識せねばならぬと思う。

のみならず、平素信仰もなにもないような、まったくその方面に無知な人でも、一朝、親なり妻子なり兄弟なりの不幸に出あった刹那《せつな》には、せめて葬式なりともりっぱにだしてやりたいという純浄な心持ちになることは疑いないであろうから、この心持ちを「無意識的に発動したりっぱな信仰心」であるとみて、いやがうえにもこれを純浄に導いてやることは、宗教者としてとるべきとうぜんの態度でなければならない。

おたがい檀家の葬式を引き受けるにあたって、かならず常にこの態度でいくべきであると思う。僧侶にこの態度・心行があってこそ、はじめて葬式そのものの意義が現われ、したがって宗教的儀礼としての厳粛さも荘重さもしぜんにそなわっていくのであると思われる。

では、葬式のやり方について管見を述べることといたそう。

第二章　在家の葬式

1　内諷経

　一口に葬式といっても、種々さまざまなやり方があることはいうまでもない。他教・他宗のやり方はもちろん別として、現にわが曹洞宗で行なわれているものでも、都鄙《とひ》の別、地方の別などで、それぞれその色合いを異にしているから、一言にこれをいいつくすことは、はなはだ困難である。しかし地方地方の色合いにかかわらず、とにかく宗門で定められた一定の式順はきまっているから、明治時代に改定された現行の「在家喪法」を基本として説明をすすめることとしよう。

　もっとも都会地に流行している、いわゆる「告別式」と称するやり方も根本的に相違があるはずはないので、ただ式がかんたんになったというだけで、その態度や心得にいたっては、ぜんぜん同様でなければならない。

イ　葬式の準備

葬式の準備、お寺の住職としての準備はかんたんでわかりきったことであるが、新住職のためにはやはり必要であろう。

第一には戒名《かいみょう》である。戒名というのは仏法の戒法を授かって仏教信者となった人に与える名前で、俗名と区別して戒名といっている。戒名は死者と寺との関係、死者の社会的地位、その人格・家柄というようなことを考えて、死者にふさわしい戒名をつけることがたいせつである。戒名の選びかたはなかなか心得の要《い》ることであるから、その方面の宗書でみてもらいたい。葬式を行なうまえに、死人の戒名を考え、戒名紙に心覚えに書いておくということが、まちがいがなくてよろしい。

第二は血脈である。これは戒脈ともいっている。血脈とは、授戒師すなわち檀那寺の方丈が釈迦牟尼仏以来、仏法の生命ともいうべき仏戒を嫡々相承《てきてきそうじょう》してこんにちにいたった系図書であって、いま新亡某が仏戒を授かり仏法の信者になった本証として授与するのである。ある地方では、この血脈を極楽に往生する極楽の門鑑《もんかん》のごとく信ぜられている。血脈は元来、信男・信女の生前中に授与しておくはずのものであるが、いちいちその手順をすましておくわけにはいかない事情もあるので、一息切断《いっそくせつだん》のときを機会として伝授するのである。だから、葬式前に血脈を調整しておくことがたいせつである。

第三には引導法語である。引導は、仏道へ導き入れて菩提を証得させるためのことばである。お寺の住職、導師は、死者がでるたびにいちいち新しい引導法語を作ることにしたことはないが、それは大徳でなければできないので、常用の引導法語を作っておくのがよろしい。自分で作ることのできない人は、古徳の法語を借用記持して用いてもいっこうにさしつかえはない。引導法語も浄紙に清書して書いてととのえておくのが安全である。引導にあたって失念して緘黙《かんもく》し赤面するようでは、儀式がくずれてくる。

第四には払子《ほっす》である。払子は引導のときに使用する法具である。

第五には戒尺である。戒文を伝唱するときに使用するものである。

第六には念誦回向本である。お葬式に用いる念誦と回向とを折本《おりほん》に清書したものをととのえ、その念誦本をみて念誦回向するほうがよろしい。念誦も回向も暗誦できればそれにこしたことはないが、これはふつう、随徒のするもの、長老小僧が行なうのであるから、念誦本を調製しておくのが安全である。

第七に経典である。葬儀にあたって読誦する経典はふつうに暗誦せるものが多いが、それでも経典を用意しておくにこしたことはない。葬儀が終わってからあるいは開蓮忌、あるいは一七日の法事を行なうのが多いから、そのさいに読誦する経典を僧侶の数だけととのえておく。経典はあるいは『法華経』の第五巻か第六巻、あるいは『金剛般若波羅蜜経』、あるいは『観音経』、あるいは『修証義』、それはその地方、その寺の習慣に準じてそろえておくがよろしい。

第八には手磬《しゅけい》、これは葬式の道中や諷経《ふぎん》のさいに用いるものである。

第九には太鼓、第十には鐃鈸《にょうはち》である。手磬・太鼓・鐃鈸は、例の葬式の音楽といわれている「チーン、ドーン、ジャラン」である。

第十一に小磬子《しょうけいす》と木魚である。これは法事読経のさいに用いる。地方により用いぬならば不要である。

第十二、珠数、第十三、法衣、第十四、袈裟、第十五、足袋。足袋は道中は悪いのをはき、儀式にあたってはきかえる用意、あるいは途中で汚れた場合の用意である。

第十六、大筆・小筆二本を準備する。お位牌を書くための小筆、幡《はた》やお塔婆を書くための大筆をそろえておく。これは念のためにそろえておくほうがよろしい。檀家によっては適当な筆もないのがめずらしくない。

第十七、薫《かお》りのよい香をたこうと思えば、香と香合《こうごう》を用意する。

お葬式の家門に到着すれば、第一にお位牌に戒名を記す。お位牌の書き方には口伝がある。

第二に、お塔婆が作ってあればお塔婆を書く。七本塔婆がこしらえてある場合が多い。七本塔婆は葬式のあとの法事のときに書く地方もある。

第三に大幡文《おおはたもん》、小幡文、天蓋幡文を書く。お位牌は地方によると一つであり、ある地方では上と下と二つある。このほかに、地方によるとお葬式のお供、親近者のかぶる紙帽子がある。これは、その前側にあるいは「仏」の一字、あるいは「卍」の一字を書くのが多い。

書きものがおわったならば、龕前《がんぜん》の荘厳を点検する。蠟燭《ろうそく》がともされていなかったならば、これに火を点ずる。龕前剃髪の儀式、おこうぞりを行なう地方ならば、剃刀《かみそり》がととのえてあるかどうかをみる。剃刀は浄き白紙でていねいに巻き、剃刀の先を七分三分の三分ほど出して盆に供えて龕前に置く。洒水器《しゃすいき》を点検する。洒水枝があるかないかに注意する。線香立てに線香を立てるほかに、香炉に火《おき》を埋めて粉の香を拈《ねん》じて焼香する家門にあっては、香炉に火を埋め、焼香用の香をその側に置くことを忘れてはならぬ。

龕前の用意がととのったならば、導師も随者も搭架裟《たっげさ》著襪《ちゃくべつ》して僧儀をととのえ、喪主にたいして葬儀開始の意を通じ、親近者の龕前に整列するを見計らって葬儀を開始する。

ロ　龕前剃髪

儀式の第一着手は、龕前剃髪の作法を行なうことである。在俗のままで授戒を行なうというのでは、なんとなく妙な感じがするというところから、伝戒にさきだって剃髪の儀式を行うのである。龕前に座を占め、導師は正中に座し、まず線香に火をつけて上香する。随行の者あるときは、火を点じ導師にささげること、むろんである。導師は香をたてまつって「南無十方仏、南無十方法、南無十方僧、南無本師釈迦牟尼仏、南無高祖承陽大師、南無太祖常済大師、南無歴代祖師菩薩、同じく感降を垂れて共に証明を作《な》したまえ」と心に念じて合掌し、左の偈文を唱えること三度する。

流《る》転《てん》三《さん》界《がい》中《ちゅう》　恩《おん》愛《ない》不《ふ》能《のう》断《だん》　棄《き》恩《おん》入《にゅう》無《む》為《い》　真《しん》実《じつ》
報《ほう》恩《おん》者《しゃ》

一唱するごとに息をつぎ、しばらく間をおいてユックリ唱える。次に剃刀を取って香に薫じ、両手の親指と人差し指とのあいだに挟んで、左の偈文を三唱する。

剃《てい》除《じょ》鬚《しゅ》髪《ほつ》　当《とう》願《がん》衆《しゅ》生《じょう》　永《よう》離《り》煩《ぼん》悩《のう》　究《く》竟《ぎょう》寂《じゃく》滅《めつ》

三度めのときには、寂滅というところを究竟安楽というのが口伝である。三唱おわって剃刀を本位に安置する。地方によると剃刀を、あるいはお位牌の前に擬するのがあり、あるいは棺の上に擬するのがある。実際に剃るのでないから、合掌捧持でよろしかろう。関東地方には龕前剃髪の儀式は行なわれないが、宗門のある地方では厳かに行なわれていることであるから心得ておかぬと、これを行なう地方に住したときに、たちまちさしつかえが起こってくる。行なわぬ地方ではこの一段を省略し、上香からただちに懺悔に進むべきである。龕前剃髪おわって戒尺を鳴らすこと二下《げ》、いよいよ伝戒の儀式を始める。

ハ　伝　戒

伝戒は申すまでもなく、三帰、三聚浄戒、十重禁戒の十六条を相伝する儀式で、世にいう「授戒会」は、戒弟すなわち入会者に七日間にわたる正式の儀式によってこれを授与する大法会である。しかし、新仏に授けるにさような儀式を行なっている暇はないから、簡略のうえにも簡略を加えて、わずかにその条目を唱えるだけにとどめておくのである。もっとも、対手はすでに死んで、いわゆる仏さまとなっているのであるが、しかし仏戒を受けないではこれを仏と呼ぶことはできないはずであるから、死人を仏化する第一条件としての伝戒なることを深く意識してかからなければならない。ただし、伝法以上の分限を有する者でなければ、宗規上伝戒はできないのであるから、文句さえ知っていれば小僧でもだれでもかってにできると思われてははなはだ困るので、伝戒はかならず導師にかぎることを確《しか》とおことわりして、ここに所定の戒文を公開することといたそう。

二　授戒作法

①　懺悔文と洒水

新帰元 某甲 信士（または信女・居士・大姉）に白《もう》す。夫れ帰戒を求めんと欲せば先ず当に懺悔すべし。二儀両《りょう》懺《さん》ありと雖も前仏の護持し玉う所の懺悔の文あり。罪障悉く生滅す。我《わ》が語《ご》に随って之を唱念すべし。

我昔所造諸悪業　皆由無始貪瞋痴
従心口意之《し》所生　一切我今皆懺悔

一句を唱えるごとに戒尺一下して随伴の一衆をして随唱せしめ、三回くりかえすのがふつうであるが、さらに簡略して一回にしてもよろしい。一回にしても三回にしても、これが最後という合図に鳴尺《めいしゃく》二下《げ》する。これで懺悔の式がおわり、次に洒水《しゃすい》である。洒水は懺悔の儀式を行なうはじめに行ない、いわゆる道場荘厳の洒水を行なう地方もある。永平高祖の『得度略作法』には三帰戒口唱《くしょう》の直前に行なわれているが、懺悔の後に洒水灌頂を行なう風習が多い。洒水にはそうとうめんどうな仕方があるが、だいたい次のように心得ればよいと思う。すなわち、

四大海の浄水を取ってこれを宝瓶《ほうびょう》に盛り（じつはありあわせの水を、あり

あわせの茶碗などに盛るのが通例であるが）、まず自己の頭上に灌《そそ》ぐこと三返、かくして自己清浄の誠《じょうしん》信をそのまま新仏の頭上に伝える心持ちにて位牌の左・右・中の三方に洒《そそ》ぎ、再び自己の頭上に三洒して、霊的に彼我同化の形態をあらわす。

というのである。さればいたずらに形式にばかりはしって、このさい我に誠信が欠けていてはなんにもならぬ。ことに対手は死人で口をきかないのだから、誠心誠意、彼我の霊的同化を顧念しなければ、罪障消滅どころか、かえって悪業を増長するという思いもよらぬことになるから、おおいに心せねばならないのである。

② 三帰戒文

懺悔を唱えおわったならば、次は三帰戒を授ける。すなわち、

既に身《しん》口《く》意《い》の三業を消除して大清浄なる事を

得たり。次には応に仏法僧の三宝に帰依し奉るべし。三宝に三種の功徳あり。謂わゆる一体三宝、現前三宝、住持三宝これなり。一たび帰依する時は諸《もろもろ》の功徳円成《えんじょう》す。我が語《ご》に随って之を唱念すべし。（戒尺一下）

南無帰依仏　南無帰依法　南無帰依僧

帰依仏無上尊　帰依法離塵尊　帰依僧和合尊

帰依仏竟　帰依法竟　帰依僧竟

一句ごとに戒尺を打して一衆に随唱せしめ、最後に鳴尺《めいしゃく》二下することは懺悔文と同じでよい。次に三聚浄戒と十重禁戒を授けるのであるが、この十三条戒は導師だけでその条目を唱えて一衆随唱を略すのが通例である。だから、ただちに次の文を唱えるのである。

帰戒を受くること斯の如し。次には応に三聚浄戒を受け奉るべし。第一摂律儀戒、第二摂善法戒、第三摂衆生戒なり。次には応に十重禁戒を受け奉るべし。第一不殺生戒、第二不偸盗戒、第三不邪婬戒、第四不妄語戒、第五不酤酒戒、第六不説過戒、第七不自讃毀他戒、第八不慳法財戒、第九不瞋恚戒、第十不謗三宝戒なり。（十重禁戒は『修証義』第三章にあるとおりであるから、これを棒読みにすればよい）

上来三帰三聚浄戒十重禁戒を受け奉ること斯の如し。今より以後如来至尊《しいそん》等正覚《とうしょうがく》は是れ汝が大師なり。仏を請して師となし、更に世の邪魔外道等に帰依せざれ。此は是れ前仏の護持し玉う所、曩祖《のうそ》の伝来し玉う所なり。我今汝に授く。汝今身《こんじん》より仏身に至るまで此の事能く護持すべし。衆生仏戒を受くれば、即ち諸仏の位に入る。位《くらい》大覚に同じゅうし竟《おわ》る。真《まこと》に是れ諸仏の子《みこ》なり。

大慈《ず》大悲大哀愍故《こ》。

「衆生仏戒を受くれば、即ち諸仏の位に入る。位大覚に同じゅうし竟る。真に是れ諸仏の子なり」の文は二度あるいは三度唱える。次に「大慈大悲大哀愍故」の文を三唱する。第三唱めに「南無大慈大悲大哀愍故」と南無の二字を加えるのが口伝《くでん》である。地方によると、この「大慈云々」の法文を「衆生仏戒を受くれば云々」の直前に唱えるのもある。一式である。

導師の伝戒はこれでおわった。次に鼓鈸《くはつ》を鳴らすこと三通する。もっとも、この鼓鈸三通は地方によって入れどころがちがう。導師の伝戒以前、導師が龕前に着座すると同時に鳴らすところがある。それかと思うと、挙龕念誦《こがんねんじゅ》がおわり、「大悲咒」がおわるところまで鳴らさぬのがある。鼓鈸三通おわって堂行《どうあん》(先僧)は打磬《たけい》三声し「大悲咒」を挙《こ》して、一衆これに唱和読経する。かくして、いよいよ「在家喪法」の順序を追って進むのである。

以上は、田舎式に導師が一衆を率いて喪家に出頭した場合を仮想したのであるが、もし迎え僧だけが行く場合には、授戒は導師の遥授《ようじゅ》に任せて、喪家では着座、ただちに挙経《こきん》という順序となるのである。「大悲咒」おわって入龕諷経の回向である。

ホ　入龕と龕前念誦

上来大悲心陀羅尼を諷誦す。集むる所の功徳
は、新帰元某甲信士に回向す。冀う所は入《にゅう》棺《かん》の
次いで報地を荘厳せんことを。

「大悲咒」を読みおわったところで、先僧が右の回向を唱え、一衆合唱声を引いて「十《じー》方三世《ほうさんし》」を唱える。

一衆の声の切れめに、先僧は次の龕前念珠を唱える。

切《せつ》に以《おもんみ》れば生死交《きょう》謝《じゃ》し寒暑互いに遷る。其の来《きた》るや電長空に激し、其の去るや波《なみ》大海に停《とど》まる。是《こ》の日《ひ》即ち新帰元 某甲 信士有って生《しょう》縁《えん》既に尽きて大命俄かに落つ。諸行の無常なることを了《さと》って寂滅を以て楽と為す。恭しく現前の清衆を請して謹んで諸《しょ》聖《しょう》の洪《こう》名《めい》を誦す。集むる所の鴻福は覚路を荘厳す。仰いで清衆を憑《たの》んで念ず。

一衆引磬《いんきん》につれて十仏名を唱える。

へ　十仏名

清《しん》浄《じん》法《ぱ》身《しん》毘《び》盧《る》舎《しゃ》那《の》仏《ふ》

円《えん》満《もん》報《ほう》身《しん》盧《る》遮《しゃ》那《の》仏《ふ》

千《せん》百《ぱ》億《い》化《か》身《しん》釈《し》迦《きゃ》牟《む》尼《に》仏《ふ》

当《とう》来《らい》下《あ》生《さん》弥《み》勒《る》尊《そん》仏《ぶ》

十《じ》方《ほう》三《さん》世《し》一《い》切《し》諸《し》仏《ふ》

大《だい》乗《じん》妙《みょう》法《は》蓮《りん》華《が》経《きん》

大《だい》聖《しん》文《ぶん》殊《じゅ》師《す》利《り》菩《ぶ》薩《さ》

大《だい》乗《じん》普《ふ》賢《えん》菩《ぶ》薩《さ》

大《だい》悲《ひ》観《かん》世《し》音《いん》菩《ぶ》薩《さ》

諸《し》尊《そん》菩《ぶ》薩《さ》摩《も》訶《こ》薩《さ》

摩《も》訶《こ》般《ほ》若《じゃ》波《ほ》羅《ろ》蜜《み》

十仏名ぐらい、僧族である以上、だれでも知っているべきはずであるが、近ごろはなかなかそういかないとのことだから、じつにおそれいる。十仏名とは、ただ多きに従っての名称で、かならずしも十仏とはかぎらず、現に前掲は十一仏となっているが、これが現今一般に行なわれているものである。

で、唐韻と称する一種の胡音で読む習慣になっているのだから、文字どおりに俗音で読んではいけない。

ついでに説明すれば、十仏名とは、つまり仏・法・僧の三宝を具体的に並列したものであって、前の五つは仏で、過・現・未の三世仏に一切諸仏を加えたのである。「大乗妙法蓮華経」はいうまでもなく法であり、「文殊」以下「観音」までは菩薩僧で、ほか一切の諸尊者および諸菩薩を加え、最後が「般若波羅蜜」の法で結んである。

また、回向や念誦文《ねんじゅもん》に「報地を荘厳す」とか「覚路を荘厳す」という文句があるが、これはすべて新仏安住の地にいっそうの荘厳を加えて極楽をさらに美化するというほどの意味とみればよい。死人は仏化した以上、そのまま永遠の存在であるから、仏・法・僧の功徳によってその報土、すなわち久遠安住の場所を荘厳するのである。この見方でいかないと、葬式も法事もぜんぜん意味のないことになってしまうから、かならずこの信念を忘れてはならない。

さて、十仏名を唱えおわれば、先僧はつづいて「舎利礼文」を挙して一衆唱和し、おわってまた回向する。

上来念誦諷経する功徳は新帰元 某甲 信士に回向し報地を荘厳す。伏して願わくは神《しん》浄域を超え業《ごう》塵労を謝し蓮《れん》は上品の華を開き、仏《ぶっ》は一生の記を授く。再び清衆を労して念ず。

一衆同音に「十方三世」を唱え、おわってまた挙龕《こがん》の念誦文を唱える。

ト　挙龕念誦

霊龕を挙して掩《えん》土《ど》（または荼《だ》毘《び》）の盛礼に赴かんと欲す。仰いで清衆を憑《たの》んで諸聖の洪名を誦す。攀《はん》幃《い》を用表して上《かみ》覚路を資助して念ず。

再び十仏名を唱え、おわって「大悲咒」を挙し、読みおわったならそのまま鼓鈸《くはっ》を鳴らすこと三通、やがて葬列を整えて葬場すなわちお寺へ練り行くのである。

2　鼓鈸について

葬式に鼓鈸《くはつ》を鳴らすのは曹洞宗にかぎったことでもなく、またいかなる典故《てんこ》から起こったことか、いまだ調べてもみないが、ずいぶん古くから行なわれていることと思われる。地方によっては葬式のことを「ジャンボン」または「ビンチャン」と俗称しているところもあるが、これは鼓鈸の音をそのまま取った名称で、それほどに葬式と鼓鈸とは深い因縁で結ばれているのである。

ところで、鼓鈸の鳴らし方は通例一通《いっつう》とか三通《さんつう》とかいっているが、引磬《いんきん》の「チーン」と太鼓の「ドーン」と鐃鈸《にょうはち》の「ジャラン」とが順々にそろって、緩《かん》から急に、高声から低声に、しだいに展畳《てんじょう》されて最後の打ち切りにいたるのを一通というので、同じことを三度くりかえすから三通というのである。

ところが引磬と太鼓はともかく、かの鐃鈸なるものにいたっては、そうとう練習をつまないとうまく打てないもので、緩急の進度が磬や鼓と合わなくて、まことに聞き苦しくなることがある。これでは葬式の厳粛性を傷つけることはなはだしいから、むしろ三通の展畳に代えて讃頭の打ち方を用いたほうがよいと思う。讃頭とは、羅漢講式などいうすこぶる特殊な法式があるが、その講式の初頭に用いる鼓鈸の打ち方である。

今これを図示すれば、

讃頭鈸図

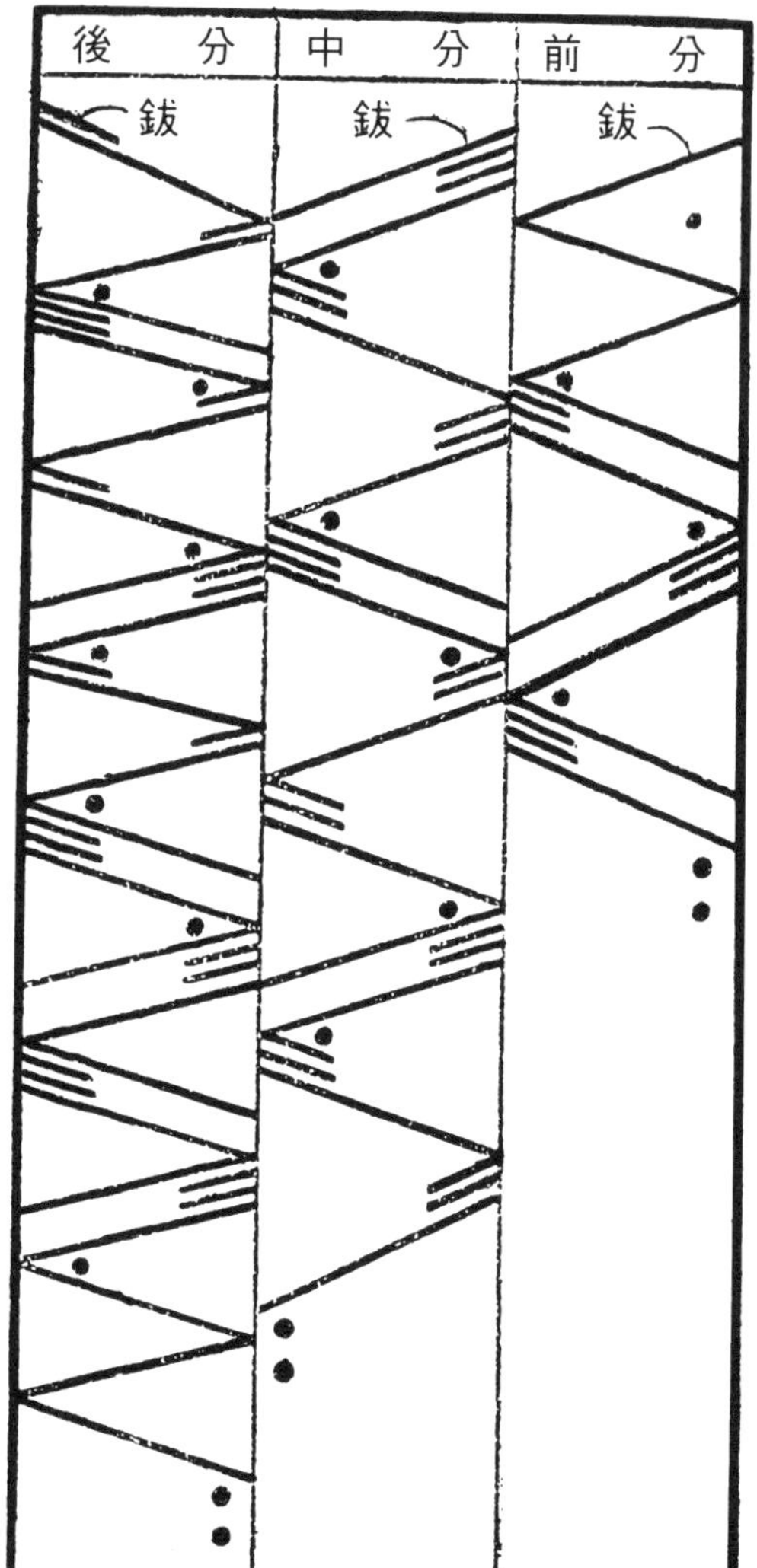

となるが、図中の短線は鈸の唇を軽く抑えた音で、カチッというように響く。長線は鈸を両方から打ちつけた音で、ジャラーンという。その間に点在する●は、太鼓のドーンという音である。これはすこぶる荘重味に富んだものだが、全部では長すぎるから、その「前分」または「中分」だけでたくさんだと思う。

葬列の進行中にもときどき鼓鈸を鳴らすことになっているが、このときは一回三声でやめるのである。

で、どのくらいの間隔をおいて打つかというに、俗説では道路の角々で打つのだというが、じつはそうではない。葬列を引く主任者はもちろん坊さんであるから、進行中不断に「大宝楼閣善住秘密陀羅尼」を読誦すべきである。それを三返または五返くりかえすごとに一回鳴らすというのが本式であるが、葬列中の不断読誦はたいていの場合省略して、山門頭に到着したときに初めて挙経し、葬場三匝《さんそう》中だけ読誦するのが通例だから、俗説に従って路の角々で打つのもよかろうと思う。

3　葬　列

墓地の所在によって、葬列はかならずしも菩提寺へ赴くとはきまっていない。関東地方ではたいていの墓所に寺院なり堂庵があって、これがそのまま葬場に用いられるが、堂庵もない墓所へ葬る場合には、施主家をそのまま葬場とするのが多い。しかしいずれを葬場とするにしても、儀式そのものにはもうとう変わりはないので、時局柄、戦死者の町村葬にはたいがいその町村の小学校を葬場とするようだが、これは宗旨・教派等を超越した便宜の方法で、すこぶる思いつきのやり方である。そして、その英霊がわが宗徒であれば、やはり同じ法式でさしつかえない。

ここで、葬列の順序を説明する必要があると思う。これも地方地方でしぜん異色のあることはまぬがれまいが、まず関東地方を標準としてみるならば、おおよそ次のとおりである。

松明《たいまつ》
高張提灯
花籠
大幡四旒（俗に獅子という）
弔旗
花環その他の贈り物
衆僧および導師
霊牌（喪主捧持）
霊膳（喪主の妻または未亡人捧持）
遺物
笠、杖（この二品は直系卑属が捧持）
膳の綱（これは晒木綿を龕から引き伸ばしたもので、近親の婦人が皆これを挽《ひ》く）
霊龕
天蓋

親族の男子
一般会葬者

という順になる。

霊龕は喪主以外の直系卑属が四人ぐらいでかつぐのが一般の慣例であったが、近来霊柩車の流行から、穴掘り当番の者がこれを挽《ひ》くことに変化してきた。墓穴掘りの役も当該組合の者が順番に引き受ける習慣であったが、これも近来、一定の謝礼をだして専門家(?)に依頼するむきも多くなってきた。

4　山頭＝葬場

イ　葬場三匝

葬列がいよいよ山頭＝葬場へ到着すれば、あらかじめ火屋が設備してあるから、これを中心に左から三匝《さんそう》する。衆僧はその間、前掲のごとく「大宝楼閣善住陀羅尼」を読誦する。導師は三匝せずに到着ただちに本堂へ上殿し、御本尊に揖《いっ》して曲彔《きょくろく》または椅子について南面、葬列の三匝を注視しつつ、やはり諷咒する。

三匝がおわれば葬列は本堂へ向かって（南から北へ）火屋をくぐり霊龕をその中央に誘導安置し、先僧は諸人を指揮して荘厳をととのえ、各員をおのおの所定の位置につかせる。この場合、男子を龕の右（東）に、婦人を左（西）につかせるのが一般の慣例である。

荘厳すでにととのい、各員皆その序に落ちついたならば、先僧はまず鼓鈸三通を打たせ、次いで香炉を点検して導師を請し、「引導」を乞うという形式をとるのである。導師は先僧の請を受け、椅子にいるままで振払《しんほっ》して引導をはじめる。

ロ　引導法語

引導にはすべて一定の形式があるので、漢文の駢儷体《べんれいたい》でなくてはならない。この漢文は韻文の一種であるからすこぶる面倒なもので、ちょっとここで説明もできないし、また容易に作れるものでもないが、しかし御方便なことにはその規範書がいくらでもある。本叢書にも別冊として載ることになっている（『応用自在　引導法語選』）から、そろえて購《もと》めておけば、すこぶる重宝であると思う。そこで、有名な尊宿でないかぎり、多くはこの種《たね》本《ほん》の「焼き直し」ですましておくので、なまじ自作してなっていないものをどなりちらすよりましであると思う。しかし引導は一種の弔辞であるから、新仏にふさわしいものを選ばないと、いわゆる木に竹を接《つ》いだことになってはなはだ聞き苦しいから、そのへんはずいぶんと注意もし、かつまたそれが弔辞であると同時に宗乗の挙揚であることを念頭において、言々句々親言親句《しんげんしんく》の心持ちで唱えなければならぬ。

「なにをいおうと俗人ばらにはわからないから」というような軽浮きわまる態度でいては、仏化した英霊をはなはだしく冒瀆するもので、まことに罪過無間といわねばならぬ。

もとより「焼き直し」であるとすれば、我ながら十分その意味はわからないとしても、言々肺腑を絞るの誠意浄信だにあらば、仏天かならずこれを嘉納したまうばかりでなく、その浄信は一堂の善男善女にまで偉大な感銘を与えること必然と申してよいのである。宗教のありがたみは、じつにこのあたりに伏在するのであることを、ゆめゆめ忘却してはならないと思う。

引導法語がおわりに近づいたならば、導師は徐々に椅子を起《た》って、最後の結辞を唱えながら龕前に進んで焼香する。このとき先僧《さきそう》は磬を抑えて次の山頭念誦を唱え、一衆磬声につれて十仏名を唱念する。導師の帰位着座を見て、先僧なり他の役僧なりが、喪主その他に進前焼香を告知する。

ハ　山頭念誦

是の日即ち新帰元某甲信士有って既に縁に随って寂滅す。乃ち法に依って掩土（または荼毘）す。百年虚幻（荼毘のときは「百年弘道」）の身を埋んで（荼毘なら「焚いて」）一路涅槃の径に入らしむ。仰いで清衆を憑んで覚霊を資助して念ず。

磬音に和して一衆十仏名を唱えおわれば、次の回向をする。

上来聖《しょう》号《ごう》を称揚して覚霊を資助す。唯願わくは慧鏡輝きを分かち春風彩《さい》を散じ、菩提園《おん》裡《り》に覚意の花を開《かい》敷《ふ》し、法性海中に無垢の波を活動す。茶《さ》三奠を傾け香一炉に爇《た》いて雲《うん》程《てい》に奉《ぶ》送《そう》し聖衆を和南す。

声を引いてただちに「大悲咒」または「楞厳咒」あるいは『修証義』を挙し、一衆同音に誦経する間に喪主・親族・会葬者等の順に進前焼香せしめる。誦経は全員の焼香がすむまで継続すべきであるから、会衆の多寡にしたがって適宜の経咒を挙すべきである。もし弔辞等があれば導師引導の直後にこれを麾《まね》いて進前捧読せしめる。このさい焼香は遠慮さすべきであるから、あらかじめその者に篤《とく》と注意しておく必要がある。

全員の焼香もおわり読経のきりもついたならば、先僧は送龕回向を唱える。

上来諷経する功徳は新帰元某甲信士に回向す。

掩土（または荼毘）の次いで報地を荘厳せんことを。

一衆同音に「十方三世」を唱え、役僧は立って鼓鈸を取り、一衆の声の切れめに打ち出して、例のごとく三通展畳《てんじょう》、おわって導師は本尊前に揖《いっ》して退場し、一衆これにしたがって、ここに葬儀が終了したわけである。地方によると、葬式がおわり、あるいは山頭で、あるいは葬儀場から喪主の家に帰って、ただちに安位諷経を行なう。「大悲咒」を読誦して安位諷経回向を行なうのである。

上来大悲心陀羅尼を諷誦す。集むる所の功徳は某甲信士に回向す。冀う所は安位の次いで報地を荘厳せんことを。

大衆、「十方三世」を唱和する。

これから追善の法事に入るのである。

5　用僧の員数

従来、一衆もしくは衆僧ということをしばしば申したが、いったい葬式にはいくだの衆僧を要するかという問題がしぜん発生するというものである。衆僧が多数であれば葬儀もしぜんりっぱではあるが、しかし経費その他の事情で、個人の葬式にさまで多数の衆僧を請することはなかなかできない。

そこで最小限度としても、導師のほかに二人はぜひともいなくてはならない。すなわち一人は先僧兼鼓手、他は鈸手で、これは小僧でも寮坊主でも、まにあうのである。

ところが田舎の貧乏葬いとなると、締めて三人の坊さんを請することさえできないのがいくらもある。

りっぱな大人《おとな》の葬式に「お小僧さまお一人でけっこうです」というのもあるくらいだから、童男・童女・孩児・孩女にいたっては推して知るべしで、親族・会葬者合計十人内外の葬列で、龕前の荘厳としても大幡と松明《たいまつ》のほかはなにもないというのさえも、なかなか多くある。

このようなばあいには、いかに葬式でも鼓鈸を鳴らすこともできないから、すべての鳴り物を代表して引磬だけを「チンチン」やりながら和尚がただ一人、片手に払子を振って引導を渡しながら、先僧も小僧もいっさい兼帯するというごときものもある。それでも新仏が化けて出ないから、世の中はじつに御方便なものである。

6　三仏事

現今あまり行なわれていないようであるが、田舎では庄屋格の葬式となると、まま三仏事で行なうむきもある。

三仏事とは本導師のほかに奠茶・奠湯の脇導師《わきどうし》二人を請《しょう》する法で、導師だけがつごう三名となるのであるから、他の衆僧もこれに応じて員数を増加せねばならぬ。すなわち、喪司という役が必要となる。喪司のことは別に説明するが、これは多く先僧が兼帯で間に合わせるとしても、鼓鈸は対《つい》にならねばならぬ。すなわち鼓が二人、鈸が二人で、さらに導師の侍者・侍香がつくことになるから、導師とも最少限度で十人の坊さんを請することになる。

昔は一村内における家柄や格式で、ぜひとも三仏事で葬式をださなければならなかったむきもあったが、要するに「見え」を張ることにすぎないし、また寺としても雲水坊主がゴロゴロしていた時代とはちがうこんにちでは、衆僧を集めるに容易でないから、三仏事なぞはめったに行なわれない。しかし、ときによってあるものと心得ておかねば、やはりその場に臨んでまごつくことになるから、一寺の住持ともなればいつか一度は三仏事の導師に請されるときがあるものと思ってさしつかえない。ことに後に述べる出家の葬式にはだれかが導師の役をふりあてられるのであるから、いちおう心得ておく必要がある。

脇《わき》導師に請されたときの引導法語は、正導師のときとちがって、しごくかんたんにやるべきである。ふつうのとおりにやっては正導師を干犯することになるから、具体的にいえばまず七言絶句に七言二句の脚《あし》をつけるくらいで十分で、長い文句は正導師に譲るべきである。

なお、役僧それぞれについてもとくに心得ねばならぬ点も多々あるが、それは次の出家の葬式の条下で詳細に述べるとして、ここには省略しておこう。

7　子どもの葬式

子どもといってもこれまた種々で、死産児から学齢前後、中等学校初年くらいまではみな子どもとして取り扱われている。しかし死亡率の最も多いのは学齢以前の幼児で、農村などでは一歳から三歳までの児童がいちばん多く夭折《ようせつ》する。だから檀用として最も多数を占めるものは、けっきょく、子どもの葬式ということになる。

もっとも十歳以上の児童の場合はべつとして、赤ん坊の葬式は喪家としてもあまり騒がない。大人の葬式のごとく近所隣の応援をも頼まず、親たちや兄妹だけで掘ったり埋めたりしてしまう。

したがって、これにたいしてふつうの喪法を適用するわけにはいかないから、たいていは施主家へ出頭せず、寺へ来るのを待って略式に三帰戒を授け、「大悲咒」または「如来寿量品偈」ぐらいを諷誦して送龕回向するといった程度にしておく。

しまう。

ただし戒名はつけてやるから血脈も授与すべきであるが、土地によってはそれも略して

十歳以上の児童にいたっては、施主の意楽《いぎょう》によって本格に行なう場合もあり、また略式にする場合もあって一様にはいかない。

略式といっても、どの程度まで略すかということはすこぶる困る問題で、今にわかに指定することはできないが、要するに引導法語の有無によってしぜんと決定するものと思う。すなわち引導がなければ、したがって念誦の部分が省けるから、入棺・龕前念誦・経咒・送龕回向という程度ですむ。

いずれにしても、その時、その場合で適宜に行なってさしつかえないが、三帰戒だけはかならず授けることにしたいのである。

第三章　法事

1　追善供養の意義

人生における最後の一大事、それは死である。まことに死は人生の一大事である。禅寺の警板《きょうばん》をみると、

　謹んで大衆に白《もう》す。生死事大、無常迅速、各宜しく醒覚すべし。慎んで放逸なること勿れ。

という四言五句の法語が書きしるされているが、人生において死ほど厳粛な絶対的な大事はあるまい。葬式はこの死を中心とする宗教的な儀礼であるから、厳重に丁重に誠心誠意をこめて厳修しなければならぬ。

死は逝ける人にとって人生の最後であり、残された人びと、これを祭祀する人びとにとっても最大の悲痛事である。人間の内奥に潜める純なる精神は、死に面接してますます顕現化の性質を強め、宗教を求める心は、死に逢着してその芽を発してくるものである。

仏道を弘通することをもって本務とする檀那寺の方丈さまとしては、葬式という法儀にあたって、ひとり死せる人の魂を仏道に引導するばかりでなく、この千載一遇の機会において多くの親近者をも仏道に引導し、少しなりとも仏縁を結ばせようという堅い信念をもって葬儀を行なうことがたいせつである。

僧侶は葬儀に接する機会が多いので葬儀になれてしまい、死という人生の一大事に面接しても、人生の最大恨事であるという新しい深い感じが起こらず、平生の茶飯事のごとく思いなして行動しがちであるが、これはおおいに慎まなければならぬ。

檀家をたくさんもっているお寺にとっては、一つの葬式は、たくさんあるなかの一つであろうけれども、葬式を行なう家門にとっては一期に一度しかない絶対の悲事であって、死にたいする感情は新鮮であり甚深である。この喪主のお心持ちをくみとって葬式を主宰し、人生最終の儀礼をまっとうすることに精魂を傾けなくてはならぬ。

人生の勤めをおわって顕界を去った人びとにたいする宗教行事は、葬式をもってその最初となすのであるが、その後は未来永遠である。

死せる人びとにたいする宗教行事を仏教のほうでは、あるいは仏事といい、あるいは法事といい、あるいは追薦といい、あるいは供養といい、あるいは年回といい、あるいは追善といっている。このうち最も広く使用されているのが法事ということばであろう。先亡者にたいする仏教行事ということから仏事といい、先亡者にたいする仏法行事ということから法事というのであろう。仏事とか法事とかいう文字はもっと広い意味にももちろん使われているが、死者にたいする仏教行事という狭い意味において世間では使用されていることが多い。追善とは先亡者のために追って善を修する義であって、追善と同じ意味において、追薦とか追福とか追修とかいうことばも用いられている。追薦とは先亡覚霊のために追って福をすすめる義であり、死者のために功徳善事を修設するという意味である。天子さまのためにする仏事は、追厳《ついごん》とくにいっている。功徳を荘厳するという意味で追厳というのである。

先祖にたいする追善の行事というものは、人間の至情に根源するものである。仏事・法事というものは、仏教者が生活のために作為したものであるかのごとく思うものがあるが、けっしてそうではない。人間の内界に蔵するところの宗教意識が表《おもて》に現われて、追善・作善の宗教行を実行せずにはおれないようになるのである。

われらの人生、われらのこの身心というものは、われらの独力でできたものではない。われらの人生、われらの家門、われらの身心は、われらとわれらの先祖との合作であり、先祖のお恵みである。われらの父母がわれらを養育し、われらの祖父母がわれらを愛育したと同じように、われらの先祖もまた、その子、その孫を養育し、愛育されたのである。われらの父母がわれらのために苦心勤労されたであろうごとく、われらの先祖もまた、その子、その孫のために精進苦労せられたのである。われらの家の歴史はいうまでもなく、われらの家、われらの屋敷、われらの田畑、われらの山林、家庭内のもろもろの調度品、それらは祖先の恩愛のたまものであり、われらの身品がまた、もったいなくも直接には父母、間接には祖先のたまものである。

われらは父母・祖先の高大なる恩徳を思うときに、報恩感謝の行事をしなくてはいられなくなる。これが追善法事の宗教行となるのである。親は子を思い子は親を思い、兄は弟を思い弟は兄を思い、姉は妹を思い妹は姉を思う。この縦横無尽の親愛の情が育っていけば、生時は骨肉相互扶助、家門繁栄の実を結び、死者にたいしては追福追修の報恩行、冥福を祈る宗教行事となるのである。

『梵網経』のなかに「不救存亡戒」というのがある。仏教信者は慈心をもってすべての生者・死者に慈悲の行業をせねばならぬことをのべ、そしてとくに父母兄弟等の家門の親しい先亡精霊にたいしては、冥界における幸福を資《たす》けるために宗教行業を勤むべきをすすめている。云く、「父母兄弟死亡の日には応に法師を請《しよう》して、菩薩戒経を講じて亡者を福資し、諸《もろもろ》の仏に見《まみ》えたてまつり、人天上に生まるることを得せしむべし」といってある。また「不行利楽戒」においては、「父母や兄弟の亡くなった命日とか三七日とか四七日とか五七日とか七七日には大乗の経律を講説してもらって、冥福を祈念すべし」と述べてある。

仏教に主調するところの慈悲行は、その人の顕界に存生すると幽界に変移せるとを問わないのであって、死せる人にたいしても生ける人にたいするごとく、饒益衆生の行業を修するのが仏教の教法である。先亡者の幸福を冀願《きがん》し、菩提道にたいする精進を資《たす》け、霊格を完全円満ならしめようと、誠心をもって善事功徳を積み、それをそのまま御先祖に回《めぐ》らしささげるのが仏法の追善行である。

2　追善の時期

先祖にたいする追善の行業はいずれの時期に行なっても、いっこうにさしつかえはない。いつでもどこでも誠心のほとばしるままに実行すべきであるが、働く時期、休む時期、食する時期が定まっているごとく、古来、だいたいにおいて追善供養を行なう時期が定められている。

第一は命日である。命日のことを忌日ともいっている。命日とは命過日という意味で、亡くなった日である。忌日とは忌日《いみび》といって、一般には縁起の悪い意味に用いられているが、そうではない。父母先祖の死なれた日には、追弔のお祭りを行なうよりほかのことがらには、その心を移したり向けたりすることを忌み禁ずるという意味において、忌日というのである。毎月毎月の命過日に宗教行事をいとなむのである。寺門ではふつうにこの日に宗教行事をいとなみ、読経するのを月経といっている。先亡者が亡くなった月と日と一致する月日のことを「祥月命日《しょうつきめいにち》」、あるいは「征月命日」といっている。毎月毎月の命日に追善の行事をいとなまなくても、一年に一度の祥月命日には追善の行事を行なうのが多い。「祥月」というのはまさしく死亡せし月の命日という意味で「正月」と書くのがほんとうだともいわれているが、「祥月」と書いたり「征月」と書いていっこうにあやしまぬのが一般の風習である。

第二には開蓮忌の法事である。『釈氏要覧』のなかに、見王斎と名づけて、死後三日めにかならず僧侶を請して、追福を修すべきことを説いている。これは北斉の梁氏が、死後三日めに請僧設斎して、その功徳力により悪道の苦しみをまぬがれることができたという故事から行なうのだといわれている。地方によってはこの死後第一回めの法事を「シアゲ」といっており、葬式をすました後、安位諷経を行ない、それにつづいて開蓮忌のお塔婆を立て、法要をいとなむのが多い。

第三には七七日の中陰法事である。仏教では三時業報の教えを説き、人間が死ぬると現生から次の生活に転生するというのである。極善・極悪のものは一息切断《いっそくせつだん》と同時に来世の生活が決定するが、そのほかのものは現生から未来の当生までのあいだに、かならず中有《ちゅうう》の身を受ける。その現生と当生との中間の果報を中有といい、また中陰といっている。中陰とはここに死して本生処《ほんしょうじょ》のかしこに生まれる中間の陰形《おんぎょう》という意味で、陰は色受想行識の五蘊、この身心である。

中陰の生活には期限がある。最大限が四十九日である。中陰の生活は七日をもって一期として生ずべき本処に生ずる。もし最初の七日のおわりに生処を得なかったならば、さらに中陰の生活がつづくこと七日、第二七日のおわりに本生処に生まれる。かくのごとく七日を一期《いちご》とし、最も長く本生処の定まらぬ者でも、七七日のおわりまでにはかならず来世の生処が決定し、輪廻《りんね》転生するというのが仏法通途の説である。そこでこの四十九日間に善処に生をうけるよう追善法事をいとなむのであって、これを中陰法事というのである。

追善を厳重に行なう信仰深き家門においては、一七日、二七日、三七日、四七日、五七日、六七日、七七日と七日ごとに追善供養を勤めるが、ある地方では七七日の四十九日の法事を重んじ、ある地方では五七日の三十五日の法事を重んじ、四十九日のあいだに一回だけ追善を行なうのが多い。やや規模の大きい法事は四十九日中に一回行なうとして、一七日ごとに小さい供養、お寺の僧を迎えて一巻のお経を上げてもらうという仕方は、あんがい広く行なわれている。

第四には卒哭忌《そっこくき》の法事である。死亡日より数えて百箇日にあたる日に行なう法事である。地方によっては墓直《はかなお》しといって、百箇日の法事をすましたところで土饅頭《どまんじゅう》をととのえる習慣がある。

第五には年回法事である。年回のことを年忌ともいっている。死後一定の年度ごとに行なう追善の宗教行事である。卍山和尚の広録をみるに「年忌祭奠考」の一篇がある。今、これを訳して年忌の定められた一つの因縁を知ることにしよう。

礼記祭義に云く、祭は数《しばしば》することを欲せず、数すれば煩《わずら》わし、煩わしきときは敬せず。祭は疏きことを欲せず、疏きときは怠る、怠るときは忘る。此れ乃ち不数不疏の中位を以て祭奠の節と為すものなり。我が豊聡太子云く、弔奠の儀、第七日、第二七乃至第七七、第百箇日、一周年、第三年、第七年、第十三年、第十七年、第二十三年、第二十七年、第三十三年は、天子より庶民に迄《いた》るまで、一同にして差《たが》う所無し。第四十年、第五十年、第六十年は、天子より諸士に迄るまで一同にして、子亡きときは孫代わる。第七十年、第八十年、第九十年は、天子より九卿に迄るまで一同にして、子孫・曾孫に及ぶ。第一百年、第百十年、第百二十年は、天子より三公に迄り、子孫・曾孫に及ぶ。第百三十年、第百四十年、第百五十年は、天子より諸王に迄る。

第百六十年已下唯だ天子のみ之を修す。天子と雖も大曾祖已上、大曾祖の日を以て一同に之を修す、之を総奠と謂う。云云。

最後に追善の忌日ならびに年忌の名称を掲げる。この忌名には古来、異称がたくさんあるが、ここでは一般常用の分だけを記すにとどめる。

初七日	初願忌
二七日	以芳忌
三七日	洒水忌
四七日	阿経忌
五七日	小練忌
六七日	檀弘忌
七七日	大練忌
百箇日	卒哭忌
一周忌	小祥忌

三年忌	大祥忌
七年忌	休広忌
十三年忌	称名忌
十七年忌	慈明忌
二十三年忌	思実忌
二十七年忌	
三十三年忌	清浄本然忌
五十年忌	阿円忌
百年忌	一会忌

追善法事は丁重にとりおこなえば、かくのごとく開蓮忌から一七日という順序に行なうのであるが、信仰の厚薄、経済事情や地方の慣習によって追善行事に精粗がある。はなはだしきは忌日当日かあるいはその翌日に開蓮忌から大練忌までの法事を一度にすまし、中陰期間の服喪行をやめてしまうものさえ見受けられる。

3　忌明の意義

七本塔婆

田舎ことに農村では、新仏がでても七日七日の供養を整然と執行することは容易にできないところから、葬式の翌日または当日にすべての供養を兼修して忌中を払うむきがある。これを「忌明《いみあき》」または「忌中払い」と称して、このとき七本塔婆（七本木ともいう）と称する経木《きょうぎ》製の塔婆を立てて土饅頭を整理する。これを墓直しといっている。

七本塔婆は初七日から四十九日まで七日七日の墓参ごとに立てるべきものを簡略して一度に立ててしまうやり方である。これは元来、経木製の薄いお粗末な丈《たけ》一尺二寸ほどのものであるから、いちいち立てることはできない。そこで割竹に扇形に挿んで立てておき、墓参ごとに一枚ずつひきちぎって四十九日にただ一本を残すという、いたって妙な慣例のあるところもある。

そこで、七本塔婆の書き方も承知しておかねばならない。

南無宝勝如来為某甲信士初願忌（初七日）

南無多宝如来為某甲信士以芳忌（二七日）

南無妙色身如来為某甲信士洒水忌（三七日）

南無広博身如来為某甲信士阿経忌（四七日）

南無離怖畏如来為某甲信士小練忌（三十五日）

南無甘露王如来為某甲信士檀弘忌（六七日）

南無阿弥陀如来為某甲信士大練忌（四十九日）

以上が七本塔婆の表面で、忌名の下に「追善供養」とか「荘厳報地」とか書くべきであるが、なにしろ幅一寸、丈一尺余の小さな経木にすぎないから、忌名まででいっぱいになってしまう。

裏面にも偈文とか経句などを書くべきであるが、これも略して、たんに初七日ないし七七日と組み立ての順序を表示するくらいにしておくのである。もっとも元来、組立式にできているので、短い横木二枚で要《かなめ》を締めるようになっているから、この横木に経句などを書いて、これを裏文の代表としておけばよいのである。

初願忌以下の忌名についてはちがったものも種々あるが、前に述べたごとく今は一般に用いられているものを示したにすぎない。

4　幡類の書き方

書きもののついでに、前に申し残したものを二、三補足しておこう。

葬列大幡四旒（獅子幡）

仏諸行無常　法是生滅法
僧生滅滅已　宝寂滅為楽

四言四句の偈に仏法僧宝の四字を一字ずつ冠《かぶ》せたものである。次に龕《がん》につけるべき幡《はた》四旒、

一切有為法　如夢幻泡影
如露亦如電　応作如是観

これは有為転変の無常な世相を歌った五言の偈で、『金剛経』の末尾にあるものである。

次に天蓋につける小幡四旒は、

迷故三界城　悟故十方空
本来無東西　何処有南北

これも五言四句の偈である。また火屋《ひや》の前後あるいは四方に急造の扁額を掲げる場合があるが、前後の二枚のときは、

開　示（前）　悟　入（後）

とし、四方四枚のときは、

発心門（東）　修行門（南）　菩提門（西）　涅槃門（北）

と認めるのが例となっている。

六地蔵の札《ふだ》があれば六地蔵のお名前を記す。左のごとくである。

一　法性地蔵王菩薩

二　陀羅尼地蔵王菩薩

三　宝陵地蔵王菩薩

四　宝印地蔵王菩薩

五　鶏兜地蔵王菩薩

六　地持地蔵王菩薩

六地蔵については宗門の切紙《きりかみ》のなかに異名が伝えられ、その主済する六道の按排もちが

っているものがあるが、いまその一説を記したのである。六地蔵菩薩のお名前全部を記すことができないときは、

南無六道能化地蔵願王菩薩

と認める。これもまた、書くほどの面積がないときには、「六道能化地蔵尊」と書くもよろしい。

5　忌中払いの追善法事

「忌中払い」には、葬式に携わった一衆は再び施主家へ応請して読経回向したうえ、一《いっ》飯《ぱん》の展待を受けて帰寺するのが例である。

では、このさい何経を読むのかといえば、これはほとんど一定してはいない。地方によって『金剛経』を読むむきもあり、また「楞厳咒」『観音経』、訓読のものとしては『証道歌』なども用いられるが、要するにいくぶん長いお経がよいのである。近来、関東地方では『修証義』を読むむきが多い。『修証義』は申すまでもなく在家化導の標準として編纂されたもので、在俗の者にもわかりやすく、かつ分量もそうとうあるから、かようなときに読むには最もふさわしく思われる。

ところで和尚さんが檀家の葬式や法事に出向く場合は、挟箱《はさんばこ》と称する一種の行李《あんり》物《もっ》すなわち荷物を担がせて、従者をお供に連れるのが例で、このなかにはお袈裟をはじめとして法式に要する諸道具が入れてあるのである。「忌中払い」や年回法事にももちろんこのお供がつくが、所用の法器が葬式のそれとはちがうのはいうまでもない。すなわち葬式には鼓鈸《くはつ》が主なるものであるが、こんどは磬子《けいす》と木魚ということになる。もっとも磬子も木魚も本尊前の大きなものを持参するというわけにはまいらぬから、たいがいのお寺に在家用の小形品が備えてあって、これを例の挟箱へ詰めることになっている。

忌中払いも年回法事も法式の形体はまったく同一で、ちがう点は仏さまの忌名だけである。したがって読むべきお経も、その寺なり和尚さんなりの読みつけたものを指定するのが例である。

ところで施主家では、いやしくも仏事をいとなむのだから、そうとうの荘厳をほどこして、新仏なり所念精霊の霊牌を飾りつけておかなければならぬ。この荘厳法も、地方地方でほとんどまちまちになっているが、関東地方における農村の風習を述べてみようなら、まず床の間を整理して「十三仏」の画幅を飾り、壇を設け打敷《うちしき》を掛けて中央に霊牌を安置し、香華灯燭その他の供物等を按排して大小の団子をそなえ、最下段にお客用そのままの膳部を霊膳として献供する。この霊膳を拝見すればその饗応の程度が明瞭となるので、あたかもデパートの食堂におけるサンプルを見るような気もする。都会地の気の利いた家になると別に仏餉膳《ぶっしょうぜん》を用意してあるむきもあるが、農村などではそれほどの設備をもつ家は、よほどの豪家でもなければまずみられないのである。

一地方の奇習として、忌中払いのとき、仏前へ丼《どんぶり》または飯茶碗になみなみと水をそなえ、読経中に近親の婦人たちがめいめいにこれを取り替える風習がある。近親者が多ければ、したがってその度数が多くなるわけで、甲夫人が替えたのを、つづいて乙嬢が出て取り替えると、のちに丙婆が待っていてまたすぐ取り替えるというように、庭先はその捨て水でぬかるみになるという始末である。これは新仏が十万億土への旅行にすこぶる渇きを覚えるとの俗説から、近親ことに婦人の手で水を供してその渇きをいやしてやるという美風(?)をなしたものであろう。

6　十三仏

さて十三仏のことであるが、その因縁を深く研究したこともないが、ともかく虚空蔵菩薩を中心に五如来七菩薩一明王を並べ請したもので、これを新仏の忌日に配当したものであるとのことである。

すなわち、初七日以後の各忌日をあてたものともいわれている。

不動(初七日)、釈迦(二七日)、文殊(三七日)、普賢(四七日)、地蔵(五七日)、弥勒(六七日)、薬師(七七日)、観音(百箇日)、勢至(一周忌)、阿弥陀(三回忌)、阿閦《あしく》(七回忌)、大日(十三回忌)、虚空蔵(三十三回忌)

と、画像の下方からだんだんに上方へと並んでおられる。

ところでこの画幅も、貧弱なる農家などで戸別に備えてあるはずはないから、打敷《うちしき》、盛物台《もりものだい》の三品を揃えて寺か堂庵かで借りるのである。堂庵には寮坊主が住んでいて、いざ葬式となるとこの三品と伏鉦《ふせがね》を携えて喪家に行き、飾りつけいっさいを引き受けるのである。しかるに画幅もたいていはそうとう古ぼけていて、御像のごときもなにがなにやら判然しないのが多い。

じつをいえば曹洞宗には三尊仏像が規定されてあるのだから、これを各寺で備えておいて檀家へ貸与することにすべきであるが、旧慣上、十三仏でないと承知しないので、にわかに洞上三尊すなわち釈迦如来、高祖大師、太祖大師の画幅に改めるわけにもいかないのである。

しかし画幅は十三仏であっても、読経回向は洞上三尊に上供するのである。

7　本尊上供

宗門における追善供養はいろいろある。施餓鬼会を厳修して先祖を祭ることもある。歎仏会を勤めて先祖の供養を行なうこともある。各種の講式をいとなんで先祖の冥福を祈ることもある。しかしながら最もふつうに行なわれる本格的な行持は、なんといっても一般に法事といわれるところのものである。その順序を示すと、まず仏前において上香し三帰礼文を唱え、次に本尊上供、次に正当回向、次に先祖回向という順序である。中陰のあいだは、たいてい十三仏さまが掲げられている。十三仏さまがお祭りしてあっても、宗門では本尊上供において一仏二祖の三尊を礼拝することになっている。

仏前に香華灯燭霊膳を供え、準備がおわると僧衆は仏前に座を占め、住持の方丈は香を拈じて上香し、三帰礼文を合掌して三宝礼拝を行なう。おわって『摩訶般若波羅蜜多心経』を挙し、木魚に合して一同読誦する。『心経』おわって、次の回向を行なう。

上来虔《つつし》んで般若心経を諷誦す。集むる所の功徳は、大恩教主本師釈迦牟尼如来、高祖承陽大師、太祖常済大師、尽十方法界一切の三宝に回向し奉る。伏して願わくは四恩総て報じ三《さん》有《ぬ》斉《ひと》しく資《たす》け、法界の有情と同じく種智を円《まどか》にせんことを。冀う所は家道興隆災障消除し諸縁吉祥ならんことを。

一衆同音に「十方三世」を唱える。ついでに述べるが、回向の後にはかならずこの「十方三世」がつく。これを「普同回向」と称えて別にある「普回向」と区別することになっているが、従来「十方三世云云」と呼び慣れているから、しかつめらしく「普同回向」というと、かえってわかりが悪いというようなしだいとなっている。

8　正当先祖追善回向

本尊上供おわったなら、導師はべつに上香して、霊膳の蓋《ふた》を撤《てっ》し箸《はし》を取って香に薫じ霊牌に向かって合掌する、と先僧は磬を抑えて挙経、一衆これに和して読誦するのである。音読のお経ならばかならず木魚をつけるのであるが、訓読に木魚をつけられないことはいうまでもない。お経の種類は『法華経』『金剛経』『証道歌』『修証義』、その地方、その寺の慣習に従う。読みおわって、先僧が次の回向を唱える。

浄《じょう》極まり光《ひかり》通達し、寂照にして虚空を含む。
却《きゃ》来《らい》して世間を観ずれば、猶お夢中の事《じ》の如し。仰ぎ冀わくは三宝、伏して照鑑を垂れ玉え。家門今月今日伏して某甲信士開蓮忌の辰に値《あ》うて虔《つつし》んで香華灯燭菓《か》茶《さ》珍《ちん》饈《しゅう》を備え以て供養を伸ぶ。恭しく現前の清衆を請《しょう》して同音に何経を諷誦す。集むる所の功徳は、霊位に回向し報地を荘厳す。伏して願わくは、生死の流《ながれ》に処して驪《り》珠《じゅ》独り滄海に耀き、涅槃の岸に踞《こ》して桂輪孤《ひと》り碧天に朗らかに、普く世間を導いて同じく覚路に登らんことを。

打磬《たけい》に次いで普同回向を唱えること、例のとおりである。この回向中「家門今月今日伏して」で磬を抑え、戒名および忌名すなわち「某甲開蓮忌の辰に値《あ》う」まで導師に唱えてもらうのが法となっているから、先僧だけでドンドン進行してしまっては困る。開蓮忌は忌明の忌名だから、年回法事のときなら、卒哭忌（百箇日）、小祥忌（一周忌）、大祥忌（三回忌）、休広忌（七回忌）、称名忌（十三回忌）ないし慈明忌（十七回忌）、清浄本然忌（三十三回忌）というように、正当の年忌を読み込むのである。

年忌のことは前述の「追善の時期」で詳述したとおりであるが、三回忌までは年々つづいて、その後は七年、十三年、十七年、二十三年、二十七年、三十三年と追うことになっていて、五年忌だの八年忌だの十年忌なんというのはない。で、年忌にあたらぬ年には命日を供養日としてこれを祥月忌といっている。もっとも右に挙げた正当の年忌さえいとなみえないのが農村の通例であるから、そのうえさらに五年忌や八年忌があっては、はなはだもって困るわけである。年忌法事は通例三十三年すなわち清浄本然忌をもって打ち留めとして、それ以上は五十回、百回、百五十回というように五十年ごとに勤めるのが例で、これを遠忌《おんき》と称するのであるが、ふつう在家では父祖の遠忌まで営弁するむきはまずないといってよい。忌明または年回にちなんでその家の先亡精霊に回向して、遠忌にあたっていてもいなくても、これを慰安することに定められている。すなわち、正当回向のおわったあとに「如来寿量品偈」を読んで、次の回向をする。

仰ぎ冀わくは三宝、伏して照鑑を垂れ玉え。

上来大乗妙典如来寿量品偈を諷誦す。集むる所の功徳は、当家門先亡累代の精霊、六親眷属七世の父母《ぶも》、三界の万霊法界の含識《がんじき》等に回向す。冀う所は曠劫の無明は当下《とうげ》に消滅し、真空《しんくう》の妙智即《すなわ》ち現前することを得《え》、頓《とん》に無生を了じて速やかに仏果を証せんことを。

以上で忌明ならびに年回法事の式があらまし済んだわけである。しかるに年回法事にはかならず塔婆がつきものとなっているから、その書き方もおおよそ心得ておかねばならないが、これはまた別に述べることになっている（『位牌・石塔・率都婆の心得と書き方』）から、ここには省略する。

第四章　告別式

爾来、葬式・法事について述べ、ほぼその要領をえたものと思うから、以後少しく現今都会地に流行している「告別式」について述べてみよう。

元来、告別式というのは他教派の慣行からきたものらしいので、もちろん宗門規定のものではない。で、前にも申したごとく、そのやり方は葬式の式次をいっそう簡約したもので、その根本においてはなんの変わりもないのである。

都会地では、新仏ができれば葬式をだす前夜に「お通夜」を勤める習慣がある。特殊な事情で「お通夜」もできないむきもあろうが、たいがいはこれなしには葬送しないのである。

都会では特別の地位ある者以外はほとんどみな火葬すなわち荼毘《だび》に付するのであるから、葬式と火葬場はつきものとなっている。だから火葬場行きはむしろ葬式の延長とみるべきで、お通夜、告別式、火葬と連続して、はじめて葬式が完了することになる。

1　お通夜

お通夜にはたいがい通夜僧《つうやそう》を請するが、通夜僧には住持自身が出ることはほとんどない。というのは、新仏《しんぼとけ》の棺前で寝もやらず終夜張り番をするのだから、若い壮健な坊さんでなくてはなかなか勤まらない。だから特別の関係ある檀家でもなければ、和尚自身、通夜を勤めることはほとんどないといってよい。

ともかくお通夜は坊さんだけでなく、家族はもちろん、親戚縁者が集って、雑談したり酒食をとったり、坊さんはときどき読経したりなどして殷賑に一夜を明かすのである。

不幸にさいして「殷賑」ははなはだふさわしからぬようにみえるが、夜もすがら新仏と同席して泌々別れを惜しむという主旨が、いつか江戸ッ子肌の派手《はで》な気分と結合して、賑やかにして別れるという意味に転化したらしい。そこで新仏の前にもかかわらず、酒が出る肴《さかな》が出る、鮓《すし》が出る茶が出るというぐあいで、まじめにお経ばかり読み通すというのではない。

　とはいえ、僧服を着けた坊さんが新仏の前でヘベレケというわけにもいかないから、飲みたいのもそうとうがまんして、テレ隠しにお経でも読むというにいたっては、すこぶる悲惨のきわみである。

　通夜の翌日がすなわち告別式となるので、挙式の時間は多く正午以後となるから、通夜僧も帰寺して一睡の余裕は十分ある。

2　告別式場とその次第

ところで時間がくれば、和尚は一衆を率いて施主家に出頭する。田舎では施主家の荘厳は寮坊主が主となってこれをやるが、都会では葬儀屋がいっさい引き受けて万遺漏なく飾りつけてくれる。そこで施主家に到着し控え室に一休みした導師ならびに一衆は、おもむろに威儀を具して、法要の開始を待つ。時間は何時より何時までとあらかじめ定めてあるから、その時間になればポツポツ会葬者がつめかけるが、法要はこのとき大半おわるように開始するのである。なぜさようにするかといえば、来弔者はたいがい予告の時間中に到着する。喪家では玄関先とか門内とかに受付を設けて来弔者の名刺や香典などはすべてここで受納して、ただちに棺前に進んで焼香礼拝のできるように設備する。しかるに棺前に和尚たちががんばっていては、礼拝につごうが悪いから、中央をあけて両序の形にいるようにする。それにはもはや法式を大半すましていなくてはぐあいが悪いのである。かようにして焼香のすんだ者は順次に帰って、あとからあとからとつめかける弔客が逐次焼香するのであるが、遺族・近親等の者は玄関または門内あるいは棺前等、適宜の場所に並列して、いちいちこれを送迎し、謝意を黙表する。このさい弔客がいちいち履物《はきもの》をぬいで上がってこなければならぬようでは混雑をまぬがれないから、小さい家では上げずにすむような場所へ香台を設ける。ことに近来、弔客の多数が洋装で来るから、上げるにしてもいちいち脱靴せずにすむよう、白布などを敷きつめて、そのまま前進できるようにするのである。

予告の時間はたいてい一時間で、弔客もだいたいその間に来てしまうが、十分、二十分の延長はやむをえないとして、その間、坊さんたちも厳然棺前に控えているべきであるが、近来だんだん要領がよくなって、法要さえおわれば導師は控え室へ逃げて、衆僧が交代にがんばるというぐあいに申し合わせるむきが多い。ところでその肝心な法要はいったいどんなことをするのかというに、最初に導師の伝戒、次に「大悲咒」で入棺回向、龕前念誦や「舎利礼文」等を略してただちに挙龕念誦、十仏名のあとに「如来寿量品」ぐらいを誦して、すぐに引導法語となる。引導はお寺の本堂で唱えるものとぜんぜん同様で、告別式用として別種のものがあるわけでない。

3　経咒および法器

お寺の本堂とちがってたかが在家の一室にすぎないから、なんとしても狭隘で鼓鈸等を携帯しても如法に鳴らせぬ場合が多い。しかし鼓鈸は遠慮するとしても引磬《いんきん》一つでもあまりにものたりないから、小磬や木魚を用意して葬式気分を添えるむきもある。これとてもその寺その寺の自由かってで、和尚さんの意楽のままに種々やっているので、もちろん一定の規式というのではない。

引導おわって山頭念誦、十仏名の後、回向挙経等はふつうの葬式と同じ順をおってすすむのであるが、このへんで誦経しながら導師が両序のいずれなり便宜の位に退き、一衆もこれにしたがって退くから、棺前正面は空位となる。

そこでまず遺族・近親をまねいて進前焼香せしめ、つづいて弔客の逐次焼香ということになる。このときのお経は多く『修証義』が用いられるようであるが、これとて導師の意楽とそのときのつごうで何を読んでもさしつかえはないのである。

　誦経もおわり弔客の大部分も来てしまい、時間もすべていっぱいとなったころに送龕回向を唱えて、ここに告別式の終了となるのであるが、以上はほんの一例にすぎないので、かならずしもこのとおりに行なわねばならぬというのではない。時間の長短、式場の広狭その他、種々のつごうで随時臨機のやり方でいっこうさしつかえないことと思う。

　ついでに述べておくが、「棺」と「龕」と両様の文字を使用してきたが、けっきょく、これは同じものである。ただ「棺」は方形の箱で、これに屋形等をほどこしていわゆる輿《こし》にできたのを「龕」というのだ。都会地では現今すこぶる荘厳美麗な霊柩自動車ができていて、棺をそのままこれに納めて葬送するから、別に輿を造る要はない。田舎でも近来、霊柩車の使用がだんだん増してきたので、棺のままでおくむきが多い。したがって近き将来において、喪法のなかから「龕」の字を抹殺するときがくるであろう。

4　火葬と骨上げ

かくて告別式がおわればただちに火葬場へ赴くのであるが、遺族・近親はとうぜんお供をする。幾台かつづく自動車のなかに坊さんも一人か二人かならず混じって行く。がしかし、特殊な関係なら別として、ふつう導師は行かないで、例の通夜僧が先頭になってこの役を引き受ける。

火葬場へ到着すると、かねて申し込んであるから所定の竈《かまど》へ入れて、しかと錠をおろし封印をつけてすべて屍体の白骨となるのを待つのである。先年までは火葬竈も炭火で焚いたので、そうとう時間を要した。で「骨上げ《こつあ》」は自然翌日ということになっていたのであるが、今では電気で焼くから、一時間も待っていればすべて「上がり」となる。

さあ、いよいよ骨上げが始まるというので一行は待合所を出て、ぞろぞろ竈前へ行く、と係の人が鍵を脱《はず》し封印を切って、妙な道具で、真ッ赤に焼けたお骨を引き出すが、こればかりはまことに感じのよくないもので、むしろ既往のごとく翌朝冷却したお骨を拾うほうがよいように思われる。しかし、これもスピード時代の所産で時間や経費の関係上、焼きたてのポカポカほてるお骨を抱えて帰るのもやむをえないことであろう。

施主家へ帰れば、お骨を祭壇に安置して安位諷経を読む。お経はもとより適宜であるが、「如来寿量品」「普門品」などが用いられるようである。これで葬儀の全部が終了したのであるから、坊さんはそのまま帰寺してさしつかえないのであるが、施主家によってはこのさいお斎《とき》を供するむきもある。しかしこれは田舎の忌中払いの饗応に相当するものではなく、火葬場への往復にかなりの時間を要しているから慰労なり空腹しのぎの意味で、べつにあらたまった供養ではない。

忌中払いに相当する都会地の法要は、初七日の供養である。すなわち初七日には施主家・親族等がお骨を携えてお寺へ詣り、読経回向のすんだところで、これを墳塋《ふんえい》に納めるのである。このさいのお経もやはり適宜で、『修証義』などが多く用いられ、回向は前掲の「浄極まり光通達し云云」でよろしいのである。

告別式の多くは右に述べたような調子に行なわれるのであるから、田舎の葬列のようなものはもちろんない。明治時代にはそうとうな葬式となると、延々長蛇の列を作ってお寺まで練りこんだものであるが、いつのころからか死亡広告または通知文に「途中葬列を廃し」云云と書くようになって、現今では告別式といえば葬列はぜんぜんないことにきまってしまったのである。したがって、葬列に要する「諸行無常」その他の幡蓋はすべて不要ということになっている。

花環・生花・薬玉などの寄贈品は喪家の地位名望にしたがってなかなか多く集まるが、けっきょく告別式場を荘厳するだけで、お寺へ納めるでもなくそのまま消えてしまうのが多い。

葬列時代にぜんぜん見られなかったものは町旗・団旗などのいかめしい陳列で、農村などではまだ多く行なわれていない現象である。

第五章　念誦および回向の意義

1　回向と音声

さて、葬式の次第も都鄙両様にわたって大略要領を得たと思うが、坊さんとしてさらに心得ておきたいことは念誦や回向の大意である。じつをいえば読む経文の大意までも心得ているべきであろうが、宗門の学府でも出た者ならともかくとして、葬式専門(?)の納所《なっしょ》さんには、それまで注文してははなはだ無理である。

しかし、だれしもいずれ勤めなければならぬ先僧《さきそう》の役を引き受けたとき、声朗らかに読み上げる回向文が、自他ともに珍紛漢《ちんぷんかん》ではいささか仏さまに済まないことになる。もっとも読経回向は音声そのものにすでに無量の意義が含まれているので、わけがわかってもわからなくてもありがたいものには相違ない。

だから「ナムカラタンノートラヤーヤー」のごとく、ぜんぜん意味のわからない陀羅尼をも平気で読みもし聞きもして、功徳無量と信じているのであるが、現代のどこの国語にも属しない、いわば人間界に現存していないことばをそのまま音読する陀羅尼類にはこのさいふれないとしても、せめては訓読している回向文ぐらいは、おおよその意味を摸索《もさく》したいのが人情でもあり、かつまた信心発起の好因縁ともなると思う。

能書《のうがき》はこのくらいにして、まず葬式の念誦回向について、その大意をのぞいてみることにする。

2 龕前念誦 原文および大意

念誦の和訓は前にみなすでに掲げてあるが、和訓では本来の妙味を没却しているから、さらに原文を掲げる要がある。いったい念誦というのは、他宗で唱える念仏と等しく、一心帰命して仏名を称念することであるから、先僧《さきそう》がこの前文を読むのは一衆の称名念誦を誘発する文句にすぎないのである。前には「読む」ことだけを主として伸べ書きにしておいたのであるが、原文は漢語の対句で、なんびとの作か、じつにりっぱにできている。

切以、生死交謝、寒暑互遷、其来也電激長空、其去也波停大海、是日即有新帰元某信士、生縁已尽、大命俄落、了諸行無常、以寂滅為楽、恭請現前清衆、謹誦諸聖洪名、所集鴻福、荘厳覚路、仰憑清衆念。

「切に以れば」という発端は葬式専用のもので、ほかの疏《しょ》などでは多くみないところである。だから雲水仲間の冗談にも、「奴さん、とうとう『切に以れば』になってしまった」なぞと、お陀仏の別語のごとく使われるまでになっている。しかし、その意味は「夫れ惟れば」とか「伏して惟れば」または「つらつら思うに」などというのと同じことにすぎない。

すなわちつくづく考えてみるに、人間の生死はまことに人生の最大事件ではあるが、しかし生者必滅は宇宙の定則で、あたかも四時の運行のごとく、寒暑冷暖たがいに変遷移動してやまないにも等しいのである。されば永遠の人生連鎖からみるなれば、個人個人の生死はじつにつかのまで、いざ生まれたとなればすべて死にゆくことは必然の約束である。だから、この世に来たのは電光の長空に光るほどにも短いあいだで、すべては去って波静まりし平穏な大海のごとき寂滅の境地に行くのである。

今日も今日とて何々信士はこの世の因縁が尽きたので持って生まれた寿命の限りとなってしまったが、これは生死去来の定則でなんともいたし方がない。しかし人間いっさいの事件はまったく無常なもので、刹那刹那のめまぐるしい転変に、憎い、可愛い、惜しい、欲しいの煩悩をほしいままにしている浮世のありさまに見切りをつけて、寂滅無為の安楽境に永遠の住所を定めえたことを、せめてもの慰安と心得ねばならぬ。

されば現前の清衆を憑《たの》んで三世諸仏、諸菩薩僧、摩訶修多羅《しゅたら》の聖名を称念して、その大功徳によって、爾今行くべき覚路の荘厳美化をお願いするしだいである。清衆の皆さま、どうぞ共に聖号を念誦し信士の得脱を幇助《ほうじょ》していただきたい、というほどの意味であろうと思う。

覚路は冥途《めいど》にたいすることばであるから、迷った亡者は冥途へ行くことになろうが、すでに仏戒を受けて仏化した新霊の行く先は覚路、換言すれば極楽浄土でなければならぬ。

3　喪法回向　原文および大意

さて次の回向文であるが、これは前の念誦につづいて読んだお経の功徳を新仏《しんぼとけ》に向けるためのものである。元来、回向とは仏天の功徳を集めてこれを所念の精霊等に回し向け、るという意味であるから、読経しても回向を唱えなければ、その終局がつかないことになる。そこでこの回向も「舎利礼文」を読んだ功徳を新霊位に回し向けるので、これによってその報地を荘厳美化するわけである。報地のことはかつて述べたとおりで、けっきょくは覚路と同じこととみてよいのである。

上来念誦諷経功徳、回向新帰元某甲信士、荘厳報地、伏願、
神超浄域、業謝塵労、蓮開上品之花、仏授一生之記、再労
清衆念。

神《じん》は霊魂とでもいうか、新仏の今より永劫に存在すべき仏身とみればよい。業はその生前に行ないきたった諸業で、これには善悪ともに存するのであるが、今は仏身を成就しているのであるから、塵労すなわち煩悩妄想はことごとく謝絶し、まったく清浄な境界に安住するのである。そのありさまを形容するなら、あたかも汚泥より出でてしかも汚泥に染まぬ蓮花のじつに崇高優美なる姿のごとく、また諸仏から「そこもとはすでに凡夫の俗身を脱して、今より無為安楽の浄境に遊戯するのであるぞよ」との記別証明を授けられるようにお願いする、というほどの意味で、蓮は上品の花といったから仏は一生の記と対したのであり、文章の妙を尽くしている。次の挙龕念誦は、

欲挙霊龕赴掩土之盛礼、仰憑清衆、誦諸聖之洪名、用表攀幃上、資助覚路念。

という文で、文句もかんたんであり、べつに講釈するほどでもあるまい。「用表攀幃」とは霊龕の荘厳をさしたのである。

山頭念誦もすこぶるかんたんである。

是日即有新帰元某甲信士既随縁而寂滅、乃依法而掩土、埋百年虚幻之身、入一路涅槃之径、仰憑清衆、資助覚霊念。

文句がすべて対《つい》になっているために、しぜん余分な文字を使用した点もあるが、そこが美文の特長で、原文についてその絢《あや》を目で見ればなおさらりっぱであるが、ただ耳に聞いただけでもなんとなくありがたく感じられるのである。次の回向は、これも仏名唱念の功徳を回向するもので、やはり対句ですこぶる美的に撰述されてある。

上来称揚聖号、資助覚霊、唯願、慧鏡分輝、春風散彩、菩提園裡開敷覚意之花、法性海中活動無垢之波、茶傾三奠、香爇一炉、奉送雲程、和南清衆。

極楽浄土のありさまとも申そうか、仏智慧の輝きは明鏡のごとく一点無明の影をもとどめず、軽く柔らかい春風に五彩の花の散りゆく風情も、菩提の園に百花の繚乱たる情景も、みなこれ新霊の成仏身を飾る荘厳であろう。ことに欲垢《よくあか》煩悩の汚れなき法性海中の無垢のさざ波が、珊瑚の岸を打ち戯れる平穏寂静の境地こそ、まことに悟入正覚の妙諦である。よって、ここに茶を奠じ香を爇《た》いて、以上の環境に霊位を送り、これが幇助に努力せられた現前の清衆の所労を和南敬礼するしだいである、とまずこんな意味とみてよいであろう。

次の送龕回向や安位諷経のそれにいたっては、読んで字のごとくで、これこそ講釈の要はあるまいと思う。

葬式の回向の大要は右に述べたとおりで、なんだか要領をえたようなえないような、妙な結果におわったと思うが、荘重崇高、聞いて自然に頭が下がろうという回向文を俗意をもって模索するのだから、かかる結果はやむをえないことである。

つづいて、法事回向についてのぞいてみよう。

4　法事回向

イ　本尊上供の意義

法事回向のことでも、最初の本尊上供回向はきわめて平易で、読めばそのまま理解のできるものであるが、「四恩」と「三有《さんぬ》」については一言の要ありと思う。

「四恩」とは国王の恩、父母の恩、三宝の恩、衆生の恩の四つであるが、べつに天地、国王、父母、衆生の四つとした説もある。三宝の恩というと直接には仏法僧をさすに相違ないが、じつは天地自然の恩恵を意味する。これには一体三宝の講釈をして、哲理のうえからみなければわからないのであるが、いまはその理論をやめて、ただ天地の恩と三宝の恩は同一であるとみておいて大過はないのである。

ところで、おたがいはいやしくも生をこの世に享《う》けた以上、かならず以上の四恩に浴せずしては生活できないのである。一例を挙げるまでもなく、おたがいの日常を反省してみると、父母、国王の恩恵を無限に受けていることはいわずもがなで、天地自然、すなわち日月星辰、山河大地、森羅万象、禽獣水木等あらゆる物資の恩沢を蒙ること甚大無限で、いやしくもこれなくしては瞬時の生存も継続しえないのである。ただその恩恵があまりに広大であるために、おたがいの偏狭な脳裡に印象されずにすぎているから、ややもすれば忘却がちになるはまだしも、凡夫の悲しさに、場合によってはかえって天地自然を怨むような浅はかな態度に陥りたがる。ところで自然の物資はいかに豊富に存在するとしても、おたがいの左右だけではこれを採りこれを利用する範囲があまりに小さいから、社会の分業に依頼して有無相通じなければ、やはり生活がなりたたない。これがすなわち衆生の恩である。

さて、かくのごとき大恩を受けているのであるから、おたがいはなんらかの方法でこれに報答しなければならないが、いま本尊前に読経回向した浄信の功徳によって、いささか報謝の一端ともなれかしという意味で、「四恩総報《しおんそうほう》」というのだと思う。だから「総《すべ》て」といっても恩恵の全部ではない。四恩の全体にたいして報答の微衷を表すという意に取らねばなるまい。

また「三有」というのは生有・本有・中有ともいい、また欲界・色界・無色界の三界のことだともいうが、要するにおたがい人間の過去・現在・未来にわたる三段階の名称とみればよい。「中有に迷う」などということばもあるが、死後成仏のできない亡者が、すなわち中有に迷っているわけである。そこで「三有斉《ひと》しく資《たす》ける」というのは、つまり三世に通じて仏天の資助を仰ぐこととみてよいと思う。

「法界の有情」というのは一切有情というほどの意味で、あとにでてくる「法界の含識」とほとんど同じことである。

ロ　正当回向　原文および大意

さて次に正当回向《しょうとうえこう》であるが、これがまたすこぶる美麗崇高なもので、まず最初に五言四句の冒頭《ぼうとう》がある。

浄極光通達、寂照含虚空、却来観世間、猶如夢中事。

「浄極まり光通達し」というのは、仏界浄土の光明燦然たるさまをただちに表現したものので、寂照円明にして一点の曇りもない菩提の境界は、取捨憎愛の凡情を離れたおたがい本来の仏性とその面目を同じくしているのであるが、さてその寂照円明の光輝のなかに、人間生活の我他彼此《がたひし》、造次顚沛《ぞうじてんぱい》がそのままに包含されて、ここに相対差別の世間相として現われている。だから平等一如の霊源《れいげん》に立って世間相を観察すれば、なにごとにつけ真相はなく、あたかも夢のごとくで、ひとつとして取捨執着に値するものは見あたらないのである、とまず宗乗の端的を喝破して、次に三宝の照鑑を仰ぐ段取りとなる。

仰冀三宝、伏垂照鑑。
家門今月今日伏値某甲信士何回忌之辰、虔備香華灯燭湯菓茶珍饈以伸供養、恭請現前清衆、同音諷誦何経、所集功徳、資助覚霊荘厳報地、伏願、処生死之流驪珠独耀於滄海、踞涅槃之岸桂輪孤朗於碧天、普導世間同登覚路。

前半は読めばわかるからそのとおりと心得てよいが、香華《こうげ》灯燭《とうしょく》はわかっているとして湯菓茶《とうかさ》は茶湯を供えたときでなければ意味をなさぬ。また午前は湯を先にし午後は茶を先にするという慣例があるから、午後なら「茶菓湯」といわねばならぬ。また、田舎ことに農村のせいぜい人参・牛蒡《ごぼう》・蓮根・干瓢《かんぴょう》ぐらいの手料理では珍饈《ちんしゅう》とはいかないから、むしろ山蔬野茗の微供にすぎないのであるが、少々おおげさに珍饈としてがまんするのもよい。

ところで「伏願」以後がいささか読んだだけでは腑に落ちかねる。つまり所念の仏はもはやりっぱに得脱しているのだから、もとより生死流転にあずかるべきはずはない。そのようすを形容すれば、あたかも驪珠《りじゅ》すなわち大龍の宝珠が深海に霊光をほしいままにして有象無象の微光を照殺するごとくに、生死の海中に起居しながら、しかも生死を透脱して、超然凡界の蠢動を笑殺するにいたらんことを冀うしだいであるとの意で、次の句はこれと同時に涅槃すなわち大覚の境界に悟入しても、その涅槃に執着して、いたずらに向上の死漢とならざるようすを述べて、涅槃の彼岸に蟠踞するほどりっぱな仏果を体得しても、「娑婆往来八千返」の格言もあるごとく、涅槃の境地に固着せずして遊戯自在《ゆげじざい》なること、あたかも望月《もちづき》の中天に懸かって明朗として生物に冷涼の気を与えるがごとく、下界の衆生を垂手誘掖して共に同一覚路に菩提を円成する、これぞまことに人間最高の理想であるが、今は諸仏の加被《かび》と追修善根の功徳によって精霊の境地をここまで進展させるのが最後の願望であるというのが、この文の大意であると思う。

「生死の流れ」といったからこれに対して「涅槃の岸」といい、「驪珠の独耀」に対して「桂輪の孤朗」を配するというように、文字の技巧まことに絶妙というほかはないのである。桂輪はお月さまであることはいうまでもない。

次は正当に因んで、先亡その他にたいしての回向となる。

ハ　先亡回向　原文および大意

仰冀三宝、伏垂照鑑。

上来諷誦何経所集功徳、回向家門先亡累代精霊、六親眷属七世父母、三界万霊法界含識等、所冀、曠劫無明当下消滅、真空妙智即得現前、頓了無生速証仏果。

これも格別めんどうはないが、数字にわたったことだけ略説してみよう。

「六親」というのは民法上の六親等とまちがいそうだが、父母と妻子と兄弟をいうので、そのおのおのの眷属だからずいぶん広い範囲となる。

「七世の父母」は自分の先代からその先代、またその先代と七世までさかのぼるので、これまたすこぶる洪汎《こうはん》な関係である。のみならず「三界の万霊」「法界の含識」というのだから、いやしくも生をこの世に享けた者として摂せざるものはないことになる。

わずかに「如来寿量品偈」一巻の功徳をもって、このような広範囲にわたって回向するのだから、賽銭箱へ金一銭也を投じて家内安全、息災延命、当病平癒、諸願成就と、あらゆる欲求を持ちこむと同じような虫のよさにもみえるけれども、そこが限りある物資の欲求とちがって、たといわずかでも浄信白業の功徳は、まことに広大無辺なることを如実に示現したものとみるべきである。

以上で念誦および回向の大意を瞥見しえたと思うが、もとより金獅の一毛にすぎないから、篤志の人がさらにいちだんの研鑽を遂げて、在俗無信の徒輩をして「同登覚路」の実現に努力せしめるよう指導の任をつくされんことを希望するしだいである。

第六章　出家の葬式

1　出家葬送の意義

葬式という点から申せば、在家でも出家でも死者を葬る儀式であるから、その性質はまったく同じであるべきであるが、在家の葬式は従来俗人であった者を仏戒を授けて仏化したうえでこれを葬送するのであるが、出家は生前すでに仏化しているべきはずのものであるから、あらためて仏化する要はなく、いな、むしろこの娑婆に見切りをつけ他界に赴いてさらに化導の任にあたるという意味で、出家の死亡を遷化とさえいっている。遷化だから化導の任を他界に遷すので、現身を脱却して他界に赴き六道に迷っている衆生を化益《けやく》するということになるのである。

であるから、葬送の意義が在家のそれとまったく異なるので、したがって念誦回向等の文句もちがい、葬式の次第もぜんぜん異なってくるのはやむをえないのである。

2　仏事師のこと

出家、ことに一寺院の住職が死亡したとなると組寺・法類・法友等が四来するから、普通寺院でもそうとう多数の僧侶が集まることになる。したがって諸役の配当にもさして困らないようにみえるが、しかしいやしくも一寺住職または前住職（東堂）の葬式となると、これをていねいに行なえば導師だけでも九人すなわち九仏事となり、最も簡略なところでも三仏事以下にはできないから、用僧の数もしたがって多勢を要するわけである。

九仏事というのは、入龕《にゅうがん》、移龕、掛真《けしん》、対真小参、鎖龕、起龕、奠湯、奠茶、大導師すなわち秉炬師《ひんこし》である。しかし、ふつう一般の葬式では、鎖龕以下の五仏事か、さらに略して奠湯以下の三仏事ですましてしまうのである。この導師の多少は、すべてその寺の豊倹にしたがって主喪の指示によるものとして、かならずかくせねばならぬという規定はない。

3 主喪

「主喪」ということばがでたが、これは在家なれば施主すなわち喪主のことで、現住遷化の場合には遺弟・法類等が協議して末寺とか法類中から選出するのであるが、隠居さま、すなわち東堂の場合は、とうぜん現住がその任にあたるのである。

したがって主喪はいっさいの責任者であるが、田舎では現在、遷化のさいにおける主喪の実権は檀徒総代が代行するところもある。これは檀家総代過重からきた弊風で、ややもすると後住選定の場合に宗法の規格を無視して檀家総代の向背いかんを第一条件とせねばまとまらぬごとき悲惨事の原因をなすことが多いから注意しないといけない。

つまり小師《でし》・師孫《まごでし》・法類等が気を合わせ心を一にしていればさような間隙《かんげき》は生じないはずであるが、どこにもありがちな欲の張り合いから相互に間隙を生じやすいから、この点、たがいに心して寺門を本位に協力しなければならぬ。

主喪が定まったならば、遷化の告知、出喪の日取り、仏事の員数、仏事師請待《しょうだい》、その他すべて必要なことがらをその指揮のもとに定めて、各員がそれぞれその事務に従事する。事務に携わる者の主任ともいうべき役はその寺の維那《いの》であるが、ふつうの寺で維那などいう役寮をおいてあるところはまずもってないのである。

現今の寺院生活のありさまでは維那も典座《てんぞ》も知客《しか》も知庫《ちこ》も妻君が一手にきりまわしているのが大部分で、『行持規範』に指定されている役寮のごときは大本山か専門僧堂でなければみられないのである。

されば役寮＝妻君、大衆＝子女というありさまで、主喪の実権もしぜん妻君から子息等に帰するのが、現代寺院生活の実際である。師資＝親子で血統相続がほとんど当然視されている現今の寺院としては、これがむしろ正当なのであろう。

ともかくも仏事師が協定されたなら、それぞれ請待の形式をとらねばならぬ。仏事師は組合すなわち教区内寺院で勤めるのが例で、大導師は本寺とほとんどきまっている。

次に諸役を差定しなければならぬが、そのうち最も大事なのは喪司《そうす》、堂行《どうあん》、殿行《でんあん》で、これらはそうとう経験のある者でなければできないから、選定にあたってずいぶん注意しなければならぬ。

諸役諸職の配役にあたった者は出喪の前日からつめかけて、万般の用意を手伝うべきであるが、近来、寺院の生活が複雑多忙となっているので、やむをえざる関係者のほかは当日になってから出向く者が多くなっている。

4　門牌と諸式設備

さて出喪の時日も定まり、諸役の配当もでき、仏事師の請待もすんだとして、当日の式次と諸役の差定を本堂に牓《ぼうひょう》表せねばならぬ。

また、その前に山門頭に門牌《もんぱい》を建てねばならぬ。門牌は図のごとくに製作する。

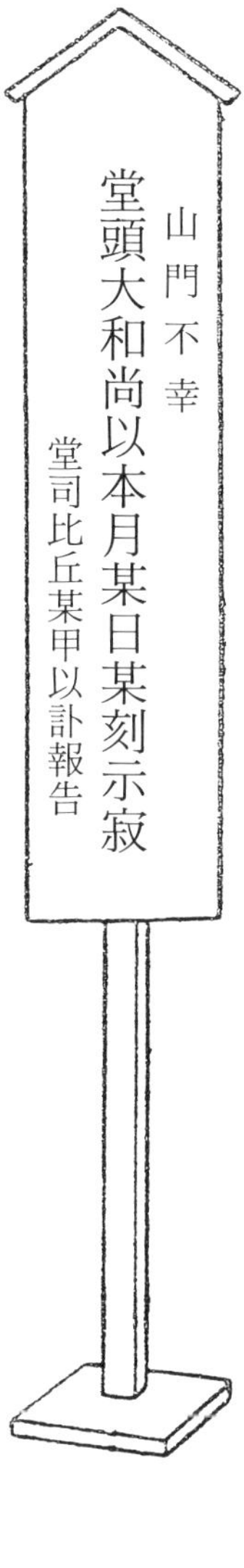
山門不幸
堂頭大和尚以本月某日某刻示寂
堂司比丘某甲以訃報告

これは長さおよそ二尺四、五寸、幅六、七寸の板で、足の長さは地上四、五尺でよい。この板の下方に横木をつけ竹筒《たけづつ》を立てて樒《しきみ》などをそなえるむきもあるが、これはたんなる報告であるから、さような設備は不要で、清規にもつけないことになっている。ただし土地土地の習慣もあることだから、しいて規則どおりにゆかぬ場合もある。要するに、文字の滅裂ならぬように書いて山門の左腋《ひだりわき》に立てるのだとある。

次に幡《はた》とか紙花とか法炬《たいまつ》または法鑁等を作らねばならぬが、これらはすべて知殿寮の引受となっている。大導師を秉炬師《ひんこし》というのは、荼毘すなわち火葬の付け火の法炬を取るからである。だから、土葬のときは鑁《くわ》でなければならぬ。この場合には挙鑁師《こかくし》と申すのが正当であるが、現今では多くの地方で土葬にもかかわらず秉炬師として法炬を拈ずることに誤られている。

法炬も法鑁も、もちろん急造のもので実物ではない。法炬は長さおよそ三尺ばかり、藁《わら》を芯《しん》にしてこれに白紙を巻き金紙等で荘厳をほどこして先端に赤紙の細く裂いたもの、または赤綿などをつけて火に擬したものである。また法鑁はやはり三尺ほどの鍬を作り、金物の部分を紺ドーサまたは墨で擬装し、導師が片手で拈じうる程度の重さに作製するのである。後に説く「受けだいまつ」の場合に、鑁一丁では困るところから別に鋤を作るむきもある。したがって、法炬の場合も一対《いっつい》作る習慣になっている。

5　幡と霊龕

幡は彩幡四旒、白幡四旒、仏名幡一旒で、彩幡は青黄赤白として左の文を一句一旒に分書する。

如来証涅槃　永断於生死
若有至心聴　常得無上楽

次に、白幡には左の四句を分書する。

無上大涅槃　円明常寂照

凡夫謂之死　外道執為断

このほかに、さらに白幡四旒を作って左の文を書くむきもあるが、これは時宜によって用廃いずれでもよいのである。

仏諸行無常　法是生滅法

僧生滅滅已　宝寂滅為楽

仏名幡（毘盧幡《びるばん》ともいう）は長さおよそ一丈ほどの緋紅絹《ひもみ》に、「清浄法身毘盧舎那仏」と大書する。あるいは金紙で文字を切り抜いて貼りつけるというていねいな法もあるが、いずれでもさしつかえない。

もっとも、これは十仏名を書いた幡十本を作るというのが本式であるのを略して第一仏だけにしたのであるというが、実際に仏名幡十旒を作るむきはほとんどないのである。ことに葬送人員の足らぬがちのこんにちでは、せっかく作っても始末におえない結果になるから、むしろ倹にしたがって毘盧幡一本で、あとは省略したほうがよい。

霊龕の製作は在家のそれと大差はないが、周囲に四十九院を並べたり、四方に鳥居形を作って四門に擬するなどはかえってよろしくないので、ただ四隅に白の紙花または白色蓮華を立てることは四箇花と申して深い故事もあり、また荘厳上、ぜひあるほうがよいと思う。

ただし、棺は必ず袈裟をもって覆うことを忘れてはならぬ。また寝棺《ねがん》にするむきもあるが、出家に寝棺ははなはだしい非礼であるから、かならず坐棺にしなくてはならぬ。

6 移龕

出喪の設備はたいがいこのくらいにして、喪法の次第を述べてみよう。しかし、もし九仏事の本格を逐うとすれば、すくなくとも二昼一夜にわたる長い法要となるので、一世の尊宿とか大禅師でないかぎりはたいてい五仏事まであるから、ふつう省略される入龕、移龕、掛真、対真小参の四行持にはふれないことにして、いまは鎖龕、起龕からはじめることにする。志ある者は『行持規範』についてさらに研究習得されるがよろしい。

ただし入龕のさい、澡浴、剃髪、新服、涅槃衣、頭巾《ずきん》、念珠等、すべて注意して取り落としのなきよう、また窮屈に見えてもかならず棺内に坐禅させるよう、小師・師孫等の側近者において懇篤奉侍し、袈裟をもって龕を覆い、次いで本堂の西側へ東向きに移龕するのである。本堂は多く南面に建てられてあるから、法堂の下間《げかん》がすなわち西側となるわけであるが、もし東向きその他、南面でない本堂の場合は、御本尊の右手を下間と思えばよいのである。

移龕のとき、龕台、前卓等の設備はもちろん、霊牌、霊膳、茶湯器、香華灯燭その他万般の荘厳を如法にして、龕側に長卓または机の類を置き、やはり白布を掛けて袈裟、直綴、仏経、祖録、如意、払子、竹篦《しっぺい》、念珠、枝杖等、故人の身具を白紙に包み、黒水引《みずひき》を掛けて安置する。

また、龕後にそうとうの余地をあけて、小師等奉侍および答拝に便するのである。

7 鎖龕

いよいよ出喪当日となって諸仏事師ならびに諸職配役の者が参集すれば、まず点心を供して時のいたるのを待つ。

時いたれば、喪司は殿行に命じて小鐘を鳴らさせる。移龕の式にひきつづく場合には小鐘一会、大衆立定《りつじょう》とあるが、ふつうは鎖龕が内諷経第一の法要となるのであるから、小鐘三会を打つを便利とする。

一衆鳴鐘に従って龕前に立定すれば、喪司は寮に趨《はし》って鎖龕師を請する。請師の法は喪司、寮の入口に立って引磬《いんきん》を鳴らすこと一会、次いで三拝の勢をなすと導師答揖《とうしゅう》して寮を出る。

喪司は先導して龕前の中央に到り、一歩退いて曲躬低頭《きょくきゅうていず》すると導師進前、このとき供《く》真《しん》または殿行が鎖子《さす》(龕を鎖す鍵)を盆上に捧げて渡与、導師これを受けて拈じ法語を唱えて殿行に返すと、殿行は進んで龕を鎖す。導師焼香献茶湯、堂行「大悲咒」を挙し、一衆同音諷誦おわって、維那次の回向をする。

上来鎖龕茶湯を献備し大悲心陀羅尼を諷誦す。集むる所の功徳は、新《しん》般《ぱっ》涅《ね》槃《はん》前永平総持当山何世某大和尚の為にし奉り真位を増崇せんことを。（十方三世）

普同三拝退場、小師・師孫等の側近者は龕後に侍して答拝する。以下、すべての法要に小師等の態度はこのとおりにすべきであるが、もし龕後狭隘なる場合には龕側に侍するも妨げない。

8　起龕

掛真《けしん》、対真小参、逮夜《たいや》念誦という諸法式がこの鎖龕式の次にあるべきであるが、それは鎖龕を出喪前日に行なう本格式の場合であるから、いまはすべて省略し、ひきつづいて起龕の式を行なうのである。

時いたって大鐘百八声とあるが、現今ふつうの寺院では大鐘を鳴らさず、鎖龕式終了ただちに小鐘一会で起龕導師を請する。導師進前拈香法語焼香おわって、維那念誦を挙す。

金棺既に挙《こ》して拘尸《くし》の大城を遶《めぐ》る。幢幡空《くう》に揺《ゆら》いで荼毘の盛礼に赴く。仰いで大衆を憑んで洪名を称讃し攀幃《はんい》を用表《ゆうひょう》して上覚《かみ》路を資助して念ず。

一衆同音十仏名を唱念する。

全身入塔には荼毘を「難提」とするなどの規矩もあるが、たいていの場合「荼毘」で押し通しているようである。十仏名おわって「大悲咒」、回向なく鼓鈸三通で、いよいよ出喪となるのである。

9 出喪

出喪に先だって主喪はあらかじめ儀従の順序、持ち物等を記帳し、行者《あんじゃ》をして点呼せしめて行列の混乱せぬように処置すべきである。行列は二列縦隊とするのが一般に行なわれているようであるが、場所の広狭に応じて三列でも四列でも適当に配置すべきである。ただし、毘盧幡《びるばん》は壮夫に持たせて独り正中を行くべきである。

葬列整えば、静かに練《ね》って通用門を出で一匝《そう》して山門より葬場に入る。葬場にはあらかじめ四門を設け中央に火屋を建てて中に龕台等を置き、その両側に幢幡等を立つべき橛《くい》を打って葬場三匝の後、それぞれこれを結びつけて立てるようにする。『規範』には火屋のことはないが、これも習慣に従うのである。葬場三匝の法は発心門(東)より入り、修行門(南)を経て菩提門(西)に入り、涅槃門(北)を通ってさらに修行門を入るというぐあいに、東南西の三門を順次に入ってつごう三匝となるのであるが、いまは四門を設けぬ場合が多いから、けっきょく、ただ一円相に三匝すればよいことになる。行列進行の間、維那声を引いて「清浄法身毘盧舎那仏《しんじんぱーしんびーるーしゃのーふー》」を唱えて手磬を打し、一唱ごとに大衆これに和して唱えおわるごとに鼓鈸合奏を一声する。

毘盧幡のことは諸清規《しょしんぎ》に「十仏名を書く」とあるのは前にも申したとおりであって、これと同時に維那の唱号も「清浄法身《しんじんぱしん》云云」の次に「円満報身盧遮那仏《えんもんほうしんるしゃのふ》」、その次に「千百《せんぱ》億化身釈迦牟尼仏《いかしんしきゃむにふ》」と次第に十仏名を唱えるのが正式であるといわれているが、いまはどこでも一仏名で押し通している。清規に標範として一仏名だけを記したのが、誤られて一仏かぎりとなったのであるとのことで、これは改訂すべきが正当であろうが、慣行上、とうぶん一仏だけにしてもよろしいかと思う。しかし習慣は習慣として、その根本規定は篤《とく》と心得おくべきであろう。

喪場三匝おわって霊龕を台上に安んじ、喪司は殿行を指揮して真牌、法脈、霊膳、茶湯、華炉燭等を按排荘厳せしめ、大衆おのおのその位に立定《りつじょう》するを見て鼓鈸奏楽三通せしめ、正面に椅子を据えて三導師の位を定め、鎖龕・起龕の両師は上間《じょうかん》に椅子を出して特位を設ける。小師・師孫・親近者はすべて霊龕の背後に侍立し、檀徒信徒その他の儀従者は大衆の背後に男女別に分排参列せしめる。一衆立定して喪場の静まるを見て、喪司三導師を請して椅《え》につかせ、すべて進んで奠湯師を深揖《しんしゅう》し、身を転じて龕前に到り、焼香深揖して湯器を取り香に薫じ捧持して転身渡与する。

じつを申せば喪司は導師を揖請するだけで、湯器を出すのは供真《くしん》の役であるが、今は喪司の兼役とみればよい。奠湯師はこのときすでに椅を離れ進前しているから、湯器を受け拈じてさらに喪司に渡すと、喪司これを龕前に献供する。侍者香を進め導師これを拈じて法語、進前焼香、転身秉炬師に深揖して椅に還る。次に奠茶師の進退もこれと同じであるが、僧堂規に午前は先湯後茶、午後は先茶後湯とあるから、やはりこの順序によるべきである。

奠湯・奠茶の式おわって、喪司中央に進んで秉炬師《ひんこし》を請する。

10 秉炬

現今はたいていの場合に喪司を二名にして一は奠湯師に他は奠茶師に奉侍し、大導師には二人共に進んで請し、一対の法炬《たいまつ》を各頭一本ずつ捧持して一は導師に他は龕後の小師に渡与する、と導師はこれを拈起して大きく順に回す(左から右へ)こと三度、同時に小師は逆に回す(右から左へ)こと三度、さらにこれを交換して順逆たがいに拈ずること前のごとくにして、喪司これを龕前に還供することになっていて、これを「受けだいまつ」と称している。

これはしかし古規に定めなしとあって、ひとり導師だけが拈起するのが正当であるとのことである。これもやはり慣例上の惰性でにわかに改正もできまいが、いずれは改めなくてはならぬことであろう。

秉炬おわって侍者香を進め、導師拈香振払法語進前焼香、このとき維那念誦を挙す。

切に以《おもんみ》れば是《こ》の日《ひ》新《しん》般《ぱつ》涅槃前永平総持当山何世某甲大和尚有って化《け》縁《えん》已に畢《おわ》って遂に真常に返る。忽ち一期《ご》の幻影を隠し乃ち六大の法身を現ず。（火葬なれば）火光の三昧に入って冥闇を十方に破り乃ち六大の法身を現ず。仰いで大衆を憑《たの》んで尊霊を資助して念ず。

一衆同音に十仏名を唱う。このとき龕後の小師等は龕前に出て焼香、展坐具三拝、転身して導師に三拝、左右両序に各一拝、さらに導師に一拝し坐具を収めて帰位する。十仏名おわって、維那次の回向を唱え、つづいて「楞厳咒」を挙《こ》す。

上来聖号を称揚し恭しく化《け》儀《ぎ》を賛す。体《たい》、先宗を極め峻機仏祖を容《い》れず。用《ゆう》、後学を開き

悲心乃ち人天を接す。幻化の百骸を収め円寂
の四徳に入る。茶三奠を傾け香一炉に爇《た》き、
頂戴奉行和南聖衆。（声を切らずに「大仏頂万行首楞厳陀羅尼」と挙す）

一衆同音に「楞厳咒」を読む。「楞厳咒」は近来、ふつうの寺院であまり用いないから四来の衆もこれを暗誦しうる者が少ないので、多くは『修証義』か「観音普門品」などを読む。これはいずれでもその時宜にしたがってさしつかえないであろう。

大導師はまず立って進前焼香、次いで奠茶、奠湯、鎖龕師、起龕師順次に焼香、大衆遶道《にょうどう》焼香、次いで檀信会葬者焼香ということになる。

もし弔辞あれば、維那念誦の前にこれを指呼して進前捧読せしむ。ただし、このさい焼香することは遠慮さすべきである。

一同の焼香もすみ誦経もおわれば、維那次の回向を唱う。

上来諷経する功徳は、新《しん》般《ぱつ》涅槃前永平総持当山何世

某甲大和尚の為にし奉り荼毘（または入塔）の次いで真位を増崇せんことを。

一衆同音十方三世を引き、次いで鼓鈸三通、導師および大衆散場、このとき維那十仏名を挙し鼓鈸一会して、小師・師孫等霊龕を捧じて塔所（墓）に入り、荼毘または掩土《えんど》して喪儀を終了する。

覆龕の袈裟はかならず注意して、火に焼き土に汚すことのなきようにすべきである。

11　謝拝と設斎

小師等の帰来を待つあいだに殿行《でんあん》は須弥壇を荘厳して霊牌を安んじ、安位諷経を修する準備をする。ふつう、これを「中陰」といっている。たいてい「大悲咒」を読むようであるが、他の経咒でもさしつかえはあるまい。読経回向終わって小師・師孫は、諸導師ならびに四来の衆に謝拝を行なうのである。

謝拝の法は、読経が終了して導師が一歩退くのを見て、殿行が坐褥と共に拝席を畳んで東序の露柱前へ横に敷く。と、導師おもむろに露柱前に依立《いりゅう》する。殿行が香台を中央に出すを見て、小師・師孫等一斉に北面し、その首班が進んで焼香し退いて展具三拝、師孫等これにならって三拝する。第三拝のとき導師答一拝、次に東序に向かって一拝、東序一斉に答拝、次に西序に一拝、西序答拝、さらに中央に一拝、収具退出ということになる。

両序一拝を略す場合もあるが、これを行なったほうがよいと思う。謝拝の法としてべつに規定が定めてはないようであるが、従来、習慣として右様に行なっているから、これにしたがってさしつかえあるまい。

法式がすべて終了したところで、設斎すなわち御馳走供養となるのであるが、これは本式にいえば初七日に行なうべきであるのを、便宜上、多くは当日にすませるのである。馳走の程度は地方の慣例とその寺院の貧富によるもので、多寡にすぎざるようにすればよい。

また、諸導師はじめ四来の衆に謝嚫《しゃしん》すなわちお布施を包まねばならぬが、大導師にたいしては後日べつに拝趨して遺贈とともに捧呈すべきである。じつは一般にたいしてもかくすべきであるのを、相互の便宜上、行斎《ぎょうさい》のさい、さしあげてしまうのである。

以上、出家葬式の大略を述べたのであるが、これはすべて一寺住職以上の場合であるから、亡僧すなわち小僧の死亡者にはもちろん、未住職者についてはー仏事以上の法要はいとなまないということになっている。亡僧および尼衆はすべて「在家喪法」に準ずるのがふつうで、転衣以上の未住職者は何寺前住として住職者と同格に扱う場合もあるが、法としてはいかがなものかと思う。

12　出喪行列次第

第一　啓行
第二　散華
第三　彩幡
第四　維那挙経
第五　手磬
第六　鼓
第七　鈸
第八　白幡
第九　龍灯
第十　仏経祖録

第十一　竹篦如意
第十二　払子　笏
第十三　仏名幡
第十四　提　炉
第十五　紙花素華
第十六　香　亭
第十七　法炬または钁子
第十八　真　牌
第十九　法　脈
第二十　真　龕
第二十一　法　蓋
第二十二　衣　鉢
第二十三　遺偈幡
第二十四　拄杖香盒
第二十五　手　磬

第二十六　鼓
第二十七　鈸
第二十八　大衆
第二十九　尼衆
第三十　檀徒信徒
第三十一　押護

右様につづくので、普通寺院の葬式では、その持ち物にたいする人員がとうてい足るものではない。だから幡持《はたも》ち等には檀徒の手伝いを使い、仏経・祖録等の在俗に持たせられぬ品々はできるかぎり兼帯にし、手磬や鼓鈸《くはつ》は龕前だけにしておくとか、散華、提炉、素花等は省略するむきが多い。

なお真牌は第一の小師が捧持し、法脈は第二小師、衣鉢は第三小師、真龕はその他の小師・師孫で舁《かつ》ぐことになっている。しかし、舁龕《よがん》は多く檀信その他の篤志にやらせるむきが多いが、世尊父王の龕を舁ぎたまうた勝躅《しょうちょく》に鑑みて、小師・師孫等深く心すべきであると思う。

なお、このほかに喪場図とか配役差定、仏事師請待等の牓表書式なども一定の規式があるのであるが、詳しくは『行持規範』についてみることにして、いまは省略するしだいである。

付1

戦死者慰霊祭の仕方

――町村葬について

戦死者等にたいする慰霊祭または町村葬についてだいたいの心得とでも申すべき二、三のことがらを付記してみたいと思う。もちろんこれは著者の私見であるから、かならずかくせよというのではなくて、むしろいくぶんの参考ともなれば望外と思うのである。

慰霊祭といっても軍の原隊で行なわれる合同祭もあり、何の某とかぎらず一般の戦死殉難者を祭る大弔慰式もあろうから、かりに仏式で行なわれるとしても、そのつどそれぞれの法式が差定されることであろう。したがって、それら広範囲にわたっての法式はそのほうの専門家以外には心得ておくにもおよばず、かつまた著者としてもこれを指導するほどの自信は持ち合わせていないから、いまはたんに地方の町村葬を本位として述べることにする。町村葬はたいていい仏式で行なわれるし、ことにその英霊が宗門寺院の檀徒であるなれば、菩提寺の和尚としてだれでもその導師とならねばならんのであるから、だれとしても「これだけは心得おく」べき事項が生ずるわけである。

いったい町村葬では、これまでの例でみると、軍関係をはじめとして各種団体等の弔辞がすこぶる多数にくるのである。国家のために犠牲となった名誉の戦死者にたいする国民の表敬として各方面からの弔辞が数十通にのぼるということは、銃後国民の誠意の披瀝として、しごくごもっともなしだいではあるが、しかし短時間の式次では、いちいちこれを朗読することははなはだ困難である。で、やむなくそのおもだったものだけを読んで他はたんに虔備《けんび》する程度にとどめておくようであるが、でもその団体の代表者をいちいち指呼して進前焼香させるのであるから、これにそうとうの時間を要するのである。

式の長いのはしぜん厳粛味を殺《そ》ぐ結果になるから、いかに誠意の披瀝でもあまりに長くなることは考えねばならぬことである。三時間余にわたった村葬で、参列の小学校生徒が天日下にさらされて立ち通したため将棋倒しに卒倒した例もあり、冬季の寒風を耐えていたため感冒にかかった結果、肺炎をおこして死んだ者さえある。だから法式のごときもできるかぎりきりつめて、最も厳粛裡に終了するようとりはこぶ必要があると思う。

そこでわが宗だけの法要であれば、

一、大　悲　咒（無回向）

二、導師引導法語

三、送龕念誦（十仏名）

四、送龕回向

五、舎利礼文

このくらいにしてただちに一般弔辞に入り、弔辞おわって荼毘回向、鼓鈸三通で「式おわり」とすればよいと思う。

もっとも町村葬であるから、もちろん宗旨や教派にかかわらず、多数合同葬の場合も考えねばならない。宗旨はちがっても寺院の檀徒であれば、各宗共通のお経もあるから申し合わせもできるが、ところによっては神職との合同葬もあるものと考えねばならぬ。こんな場合には、同時に式を行なうというわけにはなんとしてもいかないから、神式をさきにして仏式をあとにするとかなんとか申し合わせて、しかるべく行なうほかはないのである。

また宗旨ちがいの場合に、導師引導の前後についてもなかなかめんどうがあるようであるが、これは愚見をもってすれば左の標準が最も適当であると思う。

英霊の官等が同一であれば戦死の前後により、官等に上下があればその順位による。

神道と連合の場合には祭壇の方式が仏道とはぜんぜんちがうので、これはたんに前後だけを定めても、おそらく神職のほうで承知しないであろう。だからもし町村方面との妥協がつくならば神・仏両様の祭壇を併列または向かい合わせに準備し、挙式の前後はそのときのつごうでとり定めることにし、参列者は文字どおり新仏混淆《こんこう》で、一方がすんだら他方へ向きなおることにしたらよろしいかと思う。しかしこれは絶体絶命の場合における弥縫《びほう》法《ほう》とでも申すべきことで、できるかぎりなんとか相互に妥協すべきであろうと思う。

戦死軍人はかならず靖国神社に合祀《ごうし》されてりっぱに護国の神となることを理由として、葬儀もやはり神式によるべきであると説きまわる神職がいるとか聞いているが、無知な人々を誘うにはすこぶる巧妙な言い草ではあるが、そんな理屈に惑わされぬよう篤《とく》と檀徒を指導すべきが菩提寺住持たるものの責務である。寺檀関係と靖国神社とはぜんぜん別問題で、合祀をかたじけなうすることと葬送とは、もうとう連絡はないことをよく心得さすべきである。

閑話休題として、町村葬でも葬場たる小学校または所定の場所へ赴くまえに、やはり施主家の内諷経《うちふぎん》を行なうことはふつうの葬式と同じである。が、しかしこれとても時間節約上そうとうきりつめなくてはならぬから、その場合に鑑みてしかるべく簡略する必要があろう。

これもいかように省略するかをここに指定するわけにはいかないが、おおよそ次のようにでもしたらよろしかろう。

一、大悲咒　入棺回向
二、舎利礼文　回　向
三、挙龕念誦　十仏名
四、大悲咒　無回向　鼓鈸三通　出喪

最後の大悲咒を略せばなおさらかんたんになるが、それは時宜にしたがうことにしてよかろう。

戦死者の遺骨が施主家へ到着してから町村葬までにはたいていそうとうの時日があるから、菩提寺としては一再ならずこれを弔慰して追悼の誠意を表すべきはもちろん、時宜をみて伝戒等のことをすましておくべきである。宗務院では管長さまの血脈と、両禅師の弔問状を下付することになっているから、もれなく申請するがよろしい。

町村葬についてはなお心得おくべきことがらが多々あろうと思うが、たいていまずこんなことかもしれない。

最後にとくに一考を要する私見を提供しよう。それは、焼香の順序と弔辞の前後についてであるが、呼び出されて弔辞を読むなり捧呈するなりする者はかならず焼香する。しかるに、法式につづいて第一に焼香すべき順位は遺族でなければならないのを、軍または官憲の関係を遺族にさきだって呼びだすむきもあるように見受けるが、これは一考せねばならぬことと思う。また式が仏式で行なわれる以上は、寺院関係の弔辞は団体範囲の広狭等にかかわらず、なるべく他方面のそれにさきだつべきではあるまいか。町村葬の委員たちはかならず役場吏員であるから、しぜん官憲関係にとらわれがちになるのはやむをえないが、土地の寺院たる者はよくそのへんの諒解をつくして式次の厳粛を傷つけぬように注意すべきである。法服を着けた者が洋服の官吏等の続出したあとから呼び出されるのは、仏式の葬儀としてすこぶる妙な感じがするように思われるのである。

付2　忌日早見表

1　月

死亡日	初七日	二七日	三七日	四七日	五七日	六七日	四九日	百箇日
	月　日	月　日	月　日	月　日	月　日	月　日	月　日	月　日
1日	1・7	1・14	1・21	1・28	2・4	2・11	2・18	4・10
2日	1・8	1・15	1・22	1・29	2・5	2・12	2・19	4・11
3日	1・9	1・16	1・23	1・30	2・6	2・13	2・20	4・12
4日	1・10	1・17	1・24	1・31	2・7	2・14	2・21	4・13
5日	1・11	1・18	1・25	2・1	2・8	2・15	2・22	4・14
6日	1・12	1・19	1・26	2・2	2・9	2・16	2・23	4・15
7日	1・13	1・20	1・27	2・3	2・10	2・17	2・24	4・16
8日	1・14	1・21	1・28	2・4	2・11	2・18	2・25	4・17
9日	1・15	1・22	1・29	2・5	2・12	2・19	2・26	4・18
10日	1・16	1・23	1・30	2・6	2・13	2・20	2・27	4・19
11日	1・17	1・24	1・31	2・7	2・14	2・21	2・28	4・20
12日	1・18	1・25	2・1	2・8	2・15	2・22	3・1	4・21
13日	1・19	1・26	2・2	2・9	2・16	2・23	3・2	4・22
14日	1・20	1・27	2・3	2・10	2・17	2・24	3・3	4・23
15日	1・21	1・28	2・4	2・11	2・18	2・25	3・4	4・24
16日	1・22	1・29	2・5	2・12	2・19	2・26	3・5	4・25
17日	1・23	1・30	2・6	2・13	2・20	2・27	3・6	4・26
18日	1・24	1・31	2・7	2・14	2・21	2・28	3・7	4・27
19日	1・25	2・1	2・8	2・15	2・22	3・1	3・8	4・28
20日	1・26	2・2	2・9	2・16	2・23	3・2	3・9	4・29
21日	1・27	2・3	2・10	2・17	2・24	3・3	3・10	4・30
22日	1・28	2・4	2・11	2・18	2・25	3・4	3・11	5・1
23日	1・29	2・5	2・12	2・19	2・26	3・5	3・12	5・2
24日	1・30	2・6	2・13	2・20	2・27	3・6	3・13	5・3
25日	1・31	2・7	2・14	2・21	2・28	3・7	3・14	5・4
26日	2・1	2・8	2・15	2・22	3・1	3・8	3・15	5・5
27日	2・2	2・9	2・16	2・23	3・2	3・9	3・16	5・6
28日	2・3	2・10	2・17	2・24	3・3	3・10	3・17	5・7
29日	2・4	2・11	2・18	2・25	3・4	3・11	3・18	5・8
30日	2・5	2・12	2・19	2・26	3・5	3・12	3・19	5・9
31日	2・6	2・13	2・20	2・27	3・6	3・13	3・20	5・10

閏年は太線以下１日ずつくりあげのこと（３月１日は２月29日となる）

付２　忌日早見表

２　月

死亡日	初七日 月　日	二七日 月　日	三七日 月　日	四七日 月　日	五七日 月　日	六七日 月　日	四九日 月　日	百箇日 月　日
1日	2・7	2・14	2・21	2・28	3・7	3・14	3・21	5・11
2日	2・8	2・15	2・22	3・1	3・8	3・15	3・22	5・12
3日	2・9	2・16	2・23	3・2	3・9	3・16	3・23	5・13
4日	2・10	2・17	2・24	3・3	3・10	3・17	3・24	5・14
5日	2・11	2・18	2・25	3・4	3・11	3・18	3・25	5・15
6日	2・12	2・19	2・26	3・5	3・12	3・19	3・26	5・16
7日	2・13	2・20	2・27	3・6	3・13	3・20	3・27	5・17
8日	2・14	2・21	2・28	3・7	3・14	3・21	3・28	5・18
9日	2・15	2・22	3・1	3・8	3・15	3・22	3・29	4・19
10日	2・16	2・23	3・2	3・9	3・16	3・23	3・30	5・20
11日	2・17	2・24	3・3	3・10	3・17	3・24	3・31	5・21
12日	2・18	2・25	3・4	3・11	3・18	3・25	4・1	5・22
13日	2・19	2・26	3・5	3・12	3・19	3・26	4・2	5・23
14日	2・20	2・27	3・6	3・13	3・20	3・27	4・3	5・24
15日	2・21	2・28	3・7	3・14	3・21	3・28	4・4	5・25
16日	2・22	3・1	3・8	3・15	3・22	3・29	4・5	5・26
17日	2・23	3・2	3・9	3・16	3・23	3・30	4・6	5・27
18日	2・24	3・3	3・10	3・17	3・24	3・31	4・7	5・28
19日	2・25	3・4	3・11	3・18	3・25	4・1	4・8	5・29
20日	2・26	3・5	3・12	3・19	3・26	4・2	4・9	5・30
21日	2・27	3・6	3・13	3・20	3・27	4・3	4・10	5・31
22日	2・28	3・7	3・14	3・21	3・28	4・4	4・11	6・1
23日	3・1	3・8	3・15	3・22	3・29	4・5	4・12	6・2
24日	3・2	3・9	3・16	3・23	3・30	4・6	4・13	6・3
25日	3・3	3・10	3・17	3・24	3・31	4・7	4・14	6・4
26日	3・4	3・11	3・18	3・25	4・1	4・8	4・15	6・5
27日	3・5	3・12	3・19	3・26	4・2	4・9	4・16	6・6
28日	3・6	3・13	3・20	3・27	4・3	4・10	4・17	6・7
29日	3・6	3・13	3・20	3・27	4・3	4・10	4・17	6・7

3　月

死亡日	初七日 月　日	二七日 月　日	三七日 月　日	四七日 月　日	五七日 月　日	六七日 月　日	四九日 月　日	百箇日 月　日
1日	3・7	3・14	3・21	3・28	4・4	4・11	4・18	6・8
2日	3・8	3・15	3・22	3・29	4・5	4・12	4・19	6・9
3日	3・9	3・16	3・23	3・30	4・6	4・13	4・20	6・10
4日	3・10	3・17	3・24	3・31	4・7	4・14	4・21	6・11
5日	3・11	3・18	3・25	4・1	4・8	4・15	4・22	6・12
6日	3・12	3・19	3・26	4・2	4・9	4・16	4・23	6・13
7日	3・13	3・20	3・27	4・3	4・10	4・17	4・24	6・14
8日	3・14	3・21	3・28	4・4	4・11	4・18	4・25	6・15
9日	3・15	3・22	3・29	4・5	4・12	4・19	4・26	6・16
10日	3・16	3・23	3・30	4・6	4・13	4・20	4・27	6・17
11日	3・17	3・24	3・31	4・7	4・14	4・21	4・28	6・18
12日	3・18	3・25	4・1	4・8	4・15	4・22	4・29	6・19
13日	3・19	3・26	4・2	4・9	4・16	4・23	4・30	6・20
14日	3・20	3・27	4・3	4・10	4・17	4・24	5・1	6・21
15日	3・21	3・28	4・4	4・11	4・18	4・25	5・2	6・22
16日	3・22	3・29	4・5	4・12	4・19	4・26	5・3	6・23
17日	3・23	3・30	4・6	4・13	4・20	4・27	5・4	6・24
18日	3・24	3・31	4・7	4・14	4・21	4・28	5・5	6・25
19日	3・25	4・1	4・8	4・15	4・22	4・29	5・6	6・26
20日	3・26	4・2	4・9	4・16	4・23	4・30	5・7	6・27
21日	3・27	4・3	4・10	4・17	4・24	5・1	5・8	6・28
22日	3・28	4・4	4・11	4・18	4・25	5・2	5・9	6・29
23日	3・29	4・5	4・12	4・19	4・26	5・3	5・10	6・30
24日	3・30	4・6	4・13	4・20	4・27	5・4	5・11	7・1
25日	3・31	4・7	4・14	4・21	4・28	5・5	5・12	7・2
26日	4・1	4・8	4・15	4・22	4・29	5・6	5・13	7・3
27日	4・2	4・9	4・16	4・23	4・30	5・7	5・14	7・4
28日	4・3	4・10	4・17	4・24	5・1	5・8	5・15	7・5
29日	4・4	4・11	4・18	4・25	5・2	5・9	5・16	7・6
30日	4・5	4・12	4・19	4・26	5・3	5・10	5・17	7・7
31日	4・6	4・13	4・20	4・27	5・4	5・11	5・18	7・8

閏年は太線以下１日ずつくりあげのこと（３月１日は２月29日となる）

4　月

死亡日	初七日 月　日	二七日 月　日	三七日 月　日	四七日 月　日	五七日 月　日	六七日 月　口	四九日 月　日	百箇日 月　日
1日	4・7	4・14	4・21	4・28	5・5	5・12	5・19	7・9
2日	4・8	4・15	4・22	4・29	5・6	5・13	5・20	7・10
3日	4・9	4・16	4・23	4・30	5・7	5・14	5・21	7・11
4日	4・10	4・17	4・24	5・1	5・8	5・15	5・22	7・12
5日	4・11	4・18	4・25	5・2	5・9	5・16	5・23	7・13
6日	4・12	4・19	4・26	5・3	5・10	5・17	5・24	7・14
7日	4・13	4・20	4・27	5・4	5・11	5・18	5・25	7・15
8日	4・14	4・21	4・28	5・5	5・12	5・19	5・26	7・16
9日	4・15	4・22	4・29	5・6	5・13	5・20	5・27	7・17
10日	4・16	4・23	4・30	5・7	5・14	5・21	5・28	7・18
11日	4・17	4・24	5・1	5・8	5・15	5・22	5・29	7・19
12日	4・18	4・25	5・2	5・9	5・16	5・23	5・30	7・20
13日	4・19	4・26	5・3	5・10	5・17	5・24	5・31	7・21
14日	4・20	4・27	5・4	5・11	5・18	5・25	6・1	7・22
15日	4・21	4・28	5・5	5・12	5・19	5・26	6・2	7・23
16日	4・22	4・29	5・6	5・13	5・20	5・27	6・3	7・24
17日	4・23	4・30	5・7	5・14	5・21	5・28	6・4	7・25
18日	4・24	5・1	5・8	5・15	5・22	5・29	6・5	7・26
19日	4・25	5・2	5・9	5・16	5・23	5・30	6・6	7・27
20日	4・26	5・3	5・10	5・17	5・24	5・31	6・7	7・28
21日	4・27	5・4	5・11	5・18	5・25	6・1	6・8	7・29
22日	4・28	5・5	5・12	5・19	5・26	6・2	6・9	7・30
23日	4・29	5・6	5・13	5・20	5・27	6・3	6・10	7・31
24日	4・30	5・7	5・14	5・21	5・28	6・4	6・11	8・1
25日	5・1	5・8	5・15	5・22	5・29	6・5	6・12	8・2
26日	5・2	5・9	5・16	5・23	5・30	6・6	6・13	8・3
27日	5・3	5・10	5・17	5・24	5・31	6・7	6・14	8・4
28日	5・4	5・11	5・18	5・25	6・1	6・8	6・15	8・5
29日	5・5	5・12	5・19	5・26	6・2	6・9	6・16	8・6
30日	5・6	5・13	5・20	5・27	6・3	6・10	6・17	8・7

5　月

死亡日	初七日 月　日	二七日 月　日	三七日 月　日	四七日 月　日	五七日 月　日	六七日 月　日	四九日 月　日	百箇日 月　日
1日	5・7	5・14	5・21	5・28	6・4	6・11	6・18	8・8
2日	5・8	5・15	5・22	5・29	6・5	6・12	6・19	8・9
3日	5・9	5・16	5・23	5・30	6・6	6・13	6・20	8・10
4日	5・10	5・17	5・24	5・31	6・7	6・14	6・21	8・11
5日	5・11	5・18	5・25	6・1	6・8	6・15	6・22	8・12
6日	5・12	5・19	5・26	6・2	6・9	6・16	6・23	8・13
7日	5・13	5・20	5・27	6・3	6・10	6・17	6・24	8・14
8日	5・14	5・21	5・28	6・4	6・11	6・18	6・25	8・15
9日	5・15	5・22	5・29	6・5	6・12	6・19	6・26	8・16
10日	5・16	5・23	5・30	6・6	6・13	6・20	6・27	8・17
11日	5・17	5・24	5・31	6・7	6・14	6・21	6・28	8・18
12日	5・18	5・25	6・1	6・8	6・15	6・22	6・29	8・19
13日	5・19	5・26	6・2	6・9	6・16	6・23	6・30	8・20
14日	5・20	5・27	6・3	6・10	6・17	6・24	7・1	8・21
15日	5・21	5・28	6・4	6・11	6・18	6・25	7・2	8・22
16日	5・22	5・29	6・5	6・12	6・19	6・26	7・3	8・23
17日	5・23	5・30	6・6	6・13	6・20	6・27	7・4	8・24
18日	5・24	5・31	6・7	6・14	6・21	6・28	7・5	8・25
19日	5・25	6・1	6・8	6・15	6・22	6・29	7・6	8・26
20日	5・26	6・2	6・9	6・16	6・23	6・30	7・7	8・27
21日	5・27	6・3	6・10	6・17	6・24	7・1	7・8	8・28
22日	5・28	6・4	6・11	6・18	6・25	7・2	7・9	8・29
23日	5・29	6・5	6・12	6・19	6・26	7・3	7・10	8・30
24日	5・30	6・6	6・13	6・20	6・27	7・4	7・11	8・31
25日	5・31	6・7	6・14	6・21	6・28	7・5	7・12	9・1
26日	6・1	6・8	6・15	6・22	6・29	7・6	7・13	9・2
27日	6・2	6・9	6・16	6・23	6・30	7・7	7・14	9・3
28日	6・3	6・10	6・17	6・24	7・1	7・8	7・15	9・4
29日	6・4	6・11	6・18	6・25	7・2	7・9	7・16	9・5
30日	6・5	6・12	6・19	6・26	7・3	7・10	7・17	9・6
31日	6・6	6・13	6・20	6・27	7・4	7・11	7・18	9・7

閏年は太線以下1日ずつくりあげのこと（3月1日は2月29日となる）

6　月

死亡日	初七日 月　日	二七日 月　日	三七日 月　日	四七日 月　日	五七日 月　日	六七日 月　日	四九日 月　日	百箇日 月　日
1日	6・7	6・14	6・21	6・28	7・5	7・12	7・19	9・8
2日	6・8	6・15	6・22	6・29	7・6	7・13	7・20	9・9
3日	6・9	6・16	6・23	6・30	7・7	7・14	7・21	9・10
4日	6・10	6・17	6・24	7・1	7・8	7・15	7・22	9・11
5日	6・11	6・18	6・25	7・2	7・9	7・16	7・23	9・12
6日	6・12	6・19	6・26	7・3	7・10	7・17	7・24	9・13
7日	6・13	6・20	6・27	7・4	7・11	7・18	7・25	9・14
8日	6・14	6・21	6・28	7・5	7・12	7・19	7・26	9・15
9日	6・15	6・22	6・29	7・6	7・13	7・20	7・27	9・16
10日	6・16	6・23	6・30	7・7	7・14	7・21	7・28	9・17
11日	6・17	6・24	7・1	7・8	7・15	7・22	7・29	9・18
12日	6・18	6・25	7・2	7・9	7・16	7・23	7・30	9・19
13日	6・19	6・26	7・3	7・10	7・17	7・24	7・31	9・20
14日	6・20	6・27	7・4	7・11	7・18	7・25	8・1	9・21
15日	6・21	6・28	7・5	7・12	7・19	7・26	8・2	9・22
16日	6・22	6・29	7・6	7・13	7・20	7・27	8・3	9・23
17日	6・23	6・30	7・7	7・14	7・21	7・28	8・4	9・24
18日	6・24	7・1	7・8	7・15	7・22	7・29	8・5	9・25
19日	6・25	7・2	7・9	7・16	7・23	7・30	8・6	9・26
20日	6・26	7・3	7・10	7・17	7・24	7・31	8・7	9・27
21日	6・27	7・4	7・11	7・18	7・25	8・1	8・8	9・28
22日	6・28	7・5	7・12	7・19	7・26	8・2	8・9	9・29
23日	6・29	7・6	7・13	7・20	7・27	8・3	8・10	9・30
24日	6・30	7・7	7・14	7・21	7・28	8・4	8・11	10・1
25日	7・1	7・8	7・15	7・22	7・29	8・5	8・12	10・2
26日	7・2	7・9	7・16	7・23	7・30	8・6	8・13	10・3
27日	7・3	7・10	7・17	7・24	7・31	8・7	8・14	10・4
28日	7・4	7・11	7・18	7・25	8・1	8・8	8・15	10・5
29日	7・5	7・12	7・19	7・26	8・2	8・9	8・16	10・6
30日	7・6	7・13	7・20	7・27	8・3	8・10	8・17	10・7

7　月

死亡日	初七日 月　日	二七日 月　日	三七日 月　日	四七日 月　日	五七日 月　日	六七日 月　日	四九日 月　日	百箇日 月　日
1日	7・7	7・14	7・21	7・28	8・4	8・11	8・18	10・8
2日	7・8	7・15	7・22	7・29	8・5	8・12	8・19	10・9
3日	7・9	7・16	7・23	7・30	8・6	8・13	8・20	10・10
4日	7・10	7・17	7・24	7・31	8・7	8・14	8・21	10・11
5日	7・11	7・18	7・25	8・1	8・8	8・15	8・22	10・12
6日	7・12	7・19	7・26	8・2	8・9	8・16	8・23	10・13
7日	7・13	7・20	7・27	8・3	8・10	8・17	8・24	10・14
8日	7・14	7・21	7・28	8・4	8・11	8・18	8・25	10・15
9日	7・15	7・22	7・29	8・5	8・12	8・19	8・26	10・16
10日	7・16	7・23	7・30	8・6	8・13	8・20	8・27	10・17
11日	7・17	7・24	7・31	8・7	8・14	8・21	8・28	10・18
12日	7・18	7・25	8・1	8・8	8・15	8・22	8・29	10・19
13日	7・19	7・26	8・2	8・9	8・16	8・23	8・30	10・20
14日	7・20	7・27	8・3	8・10	8・17	8・24	8・31	10・21
15日	7・21	7・28	8・4	8・11	8・18	8・25	9・1	10・22
16日	7・22	7・29	8・5	8・12	8・19	8・26	9・2	10・23
17日	7・23	7・30	8・6	8・13	8・20	8・27	9・3	10・24
18日	7・24	7・31	8・7	8・14	8・21	8・28	9・4	10・25
19日	7・25	8・1	8・8	8・15	8・22	8・29	9・5	10・26
20日	7・26	8・2	8・9	8・16	8・23	8・30	9・6	10・27
21日	7・27	8・3	8・10	8・17	8・24	8・31	9・7	10・28
22日	7・28	8・4	8・11	8・18	8・25	9・1	9・8	10・29
23日	7・29	8・5	8・12	8・19	8・26	9・2	9・9	10・30
24日	7・30	8・6	8・13	8・20	8・27	9・3	9・10	10・31
25日	7・31	8・7	8・14	8・21	8・28	9・4	9・11	11・1
26日	8・1	8・8	8・15	8・22	8・29	9・5	9・12	11・2
27日	8・2	8・9	8・16	8・23	8・30	9・6	9・13	11・3
28日	8・3	8・10	8・17	8・24	8・31	9・7	9・14	11・4
29日	8・4	8・11	8・18	8・25	9・1	9・8	9・15	11・5
30日	8・5	8・12	8・19	8・26	9・2	9・9	9・16	11・6
31日	8・6	8・13	8・20	8・27	9・3	9・10	9・17	11・7

閏年は太線以下１日ずつくりあげのこと（３月１日は２月29日となる）

8　月

死亡日	初七日 月　日	二七日 月　日	三七日 月　日	四七日 月　日	五七日 月　日	六七日 月　日	四九日 月　日	百箇日 月　日
1日	8・7	8・14	8・21	8・28	9・4	9・11	9・18	11・8
2日	8・8	8・15	8・22	8・29	9・5	9・12	9・19	11・9
3日	8・9	8・16	8・23	8・30	9・6	9・13	9・20	11・10
4日	8・10	8・17	8・24	8・31	9・7	9・14	9・21	11・11
5日	8・11	8・18	8・25	9・1	9・8	9・15	9・22	11・12
6日	8・12	8・19	8・26	9・2	9・9	9・16	9・23	11・13
7日	8・13	8・20	8・27	9・3	9・10	9・17	9・24	11・14
8日	8・14	8・21	8・28	9・4	9・11	9・18	9・25	11・15
9日	8・15	8・22	8・29	9・5	9・12	9・19	9・26	11・16
10日	8・16	8・23	8・30	9・6	9・13	9・20	9・27	11・17
11日	8・17	8・24	8・31	9・7	9・14	9・21	9・28	11・18
12日	8・18	8・25	9・1	9・8	9・15	9・22	9・29	11・19
13日	8・19	8・26	9・2	9・9	9・16	9・23	9・30	11・20
14日	8・20	8・27	9・3	9・10	9・17	9・24	10・1	11・21
15日	8・21	8・28	9・4	9・11	9・18	9・25	10・2	11・22
16日	8・22	8・29	9・5	9・12	9・19	9・26	10・3	11・23
17日	8・23	8・30	9・6	9・13	9・20	9・27	10・4	11・24
18日	8・24	8・31	9・7	9・14	9・21	9・28	10・5	11・25
19日	8・25	9・1	9・8	9・15	9・22	9・29	10・6	11・26
20日	8・26	9・2	9・9	9・16	9・23	9・30	10・7	11・27
21日	8・27	9・3	9・10	9・17	9・24	10・1	10・8	11・28
22日	8・28	9・4	9・11	9・18	9・25	10・2	10・9	11・29
23日	8・29	9・5	9・12	9・19	9・26	10・3	10・10	11・30
24日	8・30	9・6	9・13	9・20	9・27	10・4	10・11	12・1
25日	8・31	9・7	9・14	9・21	9・28	10・5	10・12	12・2
26日	9・1	9・8	9・15	9・22	9・29	10・6	10・13	12・3
27日	9・2	9・9	9・16	9・23	9・30	10・7	10・14	12・4
28日	9・3	9・10	9・17	9・24	10・1	10・8	10・15	12・5
29日	9・4	9・11	9・18	9・25	10・2	10・9	10・16	12・6
30日	9・5	9・12	9・19	9・26	10・3	10・10	10・17	12・7
31日	9・6	9・13	9・20	9・27	10・4	10・11	10・18	12・8

9　月

死亡日	初七日 月　日	二七日 月　日	三七日 月　日	四七日 月　日	五七日 月　日	六七日 月　日	四九日 月　日	百箇日 月　日
1日	9・7	9・14	9・21	9・28	10・5	10・12	10・19	12・9
2日	9・8	9・15	9・22	9・29	10・6	10・13	10・20	12・10
3日	9・9	9・16	9・23	9・30	10・7	10・14	10・21	12・11
4日	9・10	9・17	9・24	10・1	10・8	10・15	10・22	12・12
5日	9・11	9・18	9・25	10・2	10・9	10・16	10・23	12・13
6日	9・12	9・19	9・26	10・3	10・10	10・17	10・24	12・14
7日	9・13	9・20	9・27	10・4	10・11	10・18	10・25	12・15
8日	9・14	9・21	9・28	10・5	10・12	10・19	10・26	12・16
9日	9・15	9・22	9・29	10・6	10・13	10・20	10・27	12・17
10日	9・16	9・23	9・30	10・7	10・14	10・21	10・28	12・18
11日	9・17	9・24	10・1	10・8	10・15	10・22	10・29	12・19
12日	9・18	9・25	10・2	10・9	10・16	10・23	10・30	12・20
13日	9・19	9・26	10・3	10・10	10・17	10・24	10・31	12・21
14日	9・20	9・27	10・4	10・11	10・18	10・25	11・1	12・22
15日	9・21	9・28	10・5	10・12	10・19	10・26	11・2	12・23
16日	9・22	9・29	10・6	10・13	10・20	10・27	11・3	12・24
17日	9・23	9・30	10・7	10・14	10・21	10・28	11・4	12・25
18日	9・24	10・1	10・8	10・15	10・22	10・29	11・5	12・26
19日	9・25	10・2	10・9	10・16	10・23	10・30	11・6	12・27
20日	9・26	10・3	10・10	10・17	10・24	10・31	11・7	12・28
21日	9・27	10・4	10・11	10・18	10・25	11・1	11・8	12・29
22日	9・28	10・5	10・12	10・19	10・26	11・2	11・9	12・30
23日	9・29	10・6	10・13	10・20	10・27	11・3	11・10	12・31
24日	9・30	10・7	10・14	10・21	10・28	11・4	11・11	1・1
25日	10・1	10・8	10・15	10・22	10・29	11・5	11・12	1・2
26日	10・2	10・9	10・16	10・23	10・30	11・6	11・13	1・3
27日	10・3	10・10	10・17	10・24	10・31	11・7	11・14	1・4
28日	10・4	10・11	10・18	10・25	11・1	11・8	11・15	1・5
29日	10・5	10・12	10・19	10・26	11・2	11・9	11・16	1・6
30日	10・6	10・13	10・20	10・27	11・3	11・10	11・17	1・7

閏年は太線以下１日ずつくりあげのこと（３月１日は２月29日となる）

10　月

死亡日	初七日 月　日	二七日 月　日	三七日 月　日	四七日 月　日	五七日 月　日	六七日 月　日	四九日 月　日	百箇日 月　日
1日	10・7	10・14	10・21	10・28	11・4	11・11	11・18	1・8
2日	10・8	10・15	10・22	10・29	11・5	11・12	11・19	1・9
3日	10・9	10・16	10・23	10・30	11・6	11・13	11・20	1・10
4日	10・10	10・17	10・24	10・31	11・7	11・14	11・21	1・11
5日	10・11	10・18	10・25	11・1	11・8	11・15	11・22	1・12
6日	10・12	10・19	10・26	11・2	11・9	11・16	11・23	1・13
7日	10・13	10・20	10・27	11・3	11・10	11・17	11・24	1・14
8日	10・14	10・21	10・28	11・4	11・11	11・18	11・25	1・15
9日	10・15	10・22	10・29	11・5	11・12	11・19	11・26	1・16
10日	10・16	10・23	10・30	11・6	11・13	11・20	11・27	1・17
11日	10・17	10・24	10・31	11・7	11・14	11・21	11・28	1・18
12日	10・18	10・25	11・1	11・8	11・15	11・22	11・29	1・19
13日	10・19	10・26	11・2	11・9	11・16	11・23	11・30	1・20
14日	10・20	10・27	11・3	11・10	11・17	11・24	12・1	1・21
15日	10・21	10・28	11・4	11・11	11・18	11・25	12・2	1・22
16日	10・22	10・29	11・5	11・12	11・19	11・26	12・3	1・23
17日	10・23	10・30	11・6	11・13	11・20	11・27	12・4	1・24
18日	10・24	10・31	11・7	11・14	11・21	11・28	12・5	1・25
19日	10・25	11・1	11・8	11・15	11・22	11・29	12・6	1・26
20日	10・26	11・2	11・9	11・16	11・23	11・30	12・7	1・27
21日	10・27	11・3	11・10	11・17	11・24	12・1	12・8	1・28
22日	10・28	11・4	11・11	11・18	11・25	12・2	12・9	1・29
23日	10・29	11・5	11・12	11・19	11・26	12・3	12・10	1・30
24日	10・30	11・6	11・13	11・20	11・27	12・4	12・11	1・31
25日	10・31	11・7	11・14	11・21	11・28	12・5	12・12	2・1
26日	11・1	11・8	11・15	11・22	11・29	12・6	12・13	2・2
27日	11・2	11・9	11・16	11・23	11・30	12・7	12・14	2・3
28日	11・3	11・10	11・17	11・24	12・1	12・8	12・15	2・4
29日	11・4	11・11	11・18	11・25	12・2	12・9	12・16	2・5
30日	11・5	11・12	11・19	11・26	12・3	12・10	12・17	2・6
31日	11・6	11・13	11・20	11・27	12・4	12・11	12・18	2・7

11　月

死亡日	初七日 月　日	二七日 月　日	三七日 月　日	四七日 月　日	五七日 月　日	六七日 月　日	四九日 月　日	百箇日 月　日
1日	11・7	11・14	11・21	11・28	12・5	12・12	12・19	2・8
2日	11・8	11・15	11・22	11・29	12・6	12・13	12・20	2・9
3日	11・9	11・16	11・23	11・30	12・7	12・14	12・21	2・10
4日	11・10	11・17	11・24	12・1	12・8	12・15	12・22	2・11
5日	11・11	11・18	11・25	12・2	12・9	12・16	12・23	2・12
6日	11・12	11・19	11・26	12・3	12・10	12・17	12・24	2・13
7日	11・13	11・20	11・27	12・4	12・11	12・18	12・25	2・14
8日	11・14	11・21	11・28	12・5	12・12	12・19	12・26	2・15
9日	11・15	11・22	11・29	12・6	12・13	12・20	12・27	2・16
10日	11・16	11・23	11・30	12・7	12・14	12・21	12・28	2・17
11日	11・17	11・24	12・1	12・8	12・15	12・22	12・29	2・18
12日	11・18	11・25	12・2	12・9	12・16	12・23	12・30	2・19
13日	11・19	11・26	12・3	12・10	12・17	12・24	12・31	2・20
14日	11・20	11・27	12・4	12・11	12・18	12・25	1・1	2・21
15日	11・21	11・28	12・5	12・12	12・19	12・26	1・2	2・22
16日	11・22	11・29	12・6	12・13	12・20	12・27	1・3	2・23
17日	11・23	11・30	12・7	12・14	12・21	12・28	1・4	2・24
18日	11・24	12・1	12・8	12・15	12・22	12・29	1・5	2・25
19日	11・25	12・2	12・9	12・16	12・23	12・30	1・6	2・26
20日	11・26	12・3	12・10	12・17	12・24	12・31	1・7	2・27
21日	11・27	12・4	12・11	12・18	12・25	1・1	1・8	2・28
22日	11・28	12・5	12・12	12・19	12・26	1・2	1・9	3・1
23日	11・29	12・6	12・13	12・20	12・27	1・3	1・10	3・2
24日	11・30	12・7	12・14	12・21	12・28	1・4	1・11	3・3
25日	12・1	12・8	12・15	12・22	12・29	1・5	1・12	3・4
26日	12・2	12・9	12・16	12・23	12・30	1・6	1・13	3・5
27日	12・3	12・10	12・17	12・24	12・31	1・7	1・14	3・6
28日	12・4	12・11	12・18	12・25	1・1	1・8	1・15	3・7
29日	12・5	12・12	12・19	12・26	1・2	1・9	1・16	3・8
30日	12・6	12・13	12・20	12・27	1・3	1・10	1・17	3・9

閏年は太線以下１日ずつくりあげのこと（３月１日は２月29日となる）

12　月

死亡日	初七日 月　日	二七日 月　日	三七日 月　日	四七日 月　日	五七日 月　日	六七日 月　日	四九日 月　日	百箇日 月　日
1日	12・7	12・14	12・21	12・28	1・4	1・11	1・18	3・10
2日	12・8	12・15	12・22	12・29	1・5	1・12	1・19	3・11
3日	12・9	12・16	12・23	12・30	1・6	1・13	1・20	3・12
4日	12・10	12・17	12・24	12・31	1・7	1・14	1・21	3・13
5日	12・11	12・18	12・25	1・1	1・8	1・15	1・22	3・14
6日	12・12	12・19	12・26	1・2	1・9	1・16	1・23	3・15
7日	12・13	12・20	12・27	1・3	1・10	1・17	1・24	3・16
8日	12・14	12・21	12・28	1・4	1・11	1・18	1・25	3・17
9日	12・15	12・22	12・29	1・5	1・12	1・19	1・26	3・18
10日	12・16	12・23	12・30	1・6	1・13	1・20	1・27	3・19
11日	12・17	12・24	12・31	1・7	1・14	1・21	1・28	3・20
12日	12・18	12・25	1・1	1・8	1・15	1・22	1・29	3・21
13日	12・19	12・26	1・2	1・9	1・16	1・23	1・30	3・22
14日	12・20	12・27	1・3	1・10	1・17	1・24	1・31	3・23
15日	12・21	12・28	1・4	1・11	1・18	1・25	2・1	3・24
16日	12・22	12・29	1・5	1・12	1・19	1・26	2・2	3・25
17日	12・23	12・30	1・6	1・13	1・20	1・27	2・3	3・26
18日	12・24	12・31	1・7	1・14	1・21	1・28	2・4	3・27
19日	12・25	1・1	1・8	1・15	1・22	1・29	2・5	3・28
20日	12・26	1・2	1・9	1・16	1・23	1・30	2・6	3・29
21日	12・27	1・3	1・10	1・17	1・24	1・31	2・7	3・30
22日	12・28	1・4	1・11	1・18	1・25	2・1	2・8	3・31
23日	12・29	1・5	1・12	1・19	1・26	2・2	2・9	4・1
24日	12・30	1・6	1・13	1・20	1・27	2・3	2・10	4・2
25日	12・31	1・7	1・14	1・21	1・28	2・4	2・11	4・3
26日	1・1	1・8	1・15	1・22	1・29	2・5	2・12	4・4
27日	1・2	1・9	1・16	1・23	1・30	2・6	2・13	4・5
28日	1・3	1・10	1・17	1・24	1・31	2・7	2・14	4・6
29日	1・4	1・11	1・18	1・25	2・1	2・8	2・15	4・7
30日	1・5	1・12	1・19	1・26	2・2	2・9	2・16	4・8
31日	1・6	1・13	1・20	1・27	2・3	2・10	2・17	4・9

現代表記版刊行にあたって

本書は、昭和十四年に刊行され、昭和五十一年に『曹洞宗行持の仕方叢書』一〇として復刻再版されたものの現代表記版である。

本書は、初版発行当時、斯界において画期的なものとして迎えられたものであり、それから約七十年を経た現在でも、なお宗侶のためになる内容を豊富に有するものであるが、いかんせん入手困難なことと、その見かけの古さのために、ほとんど顧みられることがなくなっている。

このたびの現代表記版刊行にあたり、旧字体の漢字は常用体とし、歴史的仮名遣いは新仮名遣いにあらためることはもちろん、副詞・接続詞等の漢字を平仮名表記にしたうえ、一部時代的にわかりにくくなってしまった表記はこれをあらため、新時代の読者の理解の便に供した。

さらに、明らかな誤植についてはこれを訂正し、若干ルビを追加した。

本書の原本がよりどころとした『行持規範』は明治二十二年校訂のものであり、その後、昭和二十九年に新訂、昭和四十二年に訂補されているが、本書引用の文は一資料としてほぼ原文のままとした。なお、昭和四十三年『曹洞宗回向要集』、昭和四十八年『曹洞宗日課勤行聖典』（ともに曹洞宗宗務庁刊）を参照して一部訂正した。

平成十七年九月彼岸

国書刊行会編集部

曹洞宗《そうとうしゅう》 葬式《そうしき》・法事《ほうじ》の仕方《しかた》

平成17年9月15日　新版第1刷印刷　　ISBN4-336-04727-8
平成17年9月25日　新版第1刷発行

著　者　茂《も》木《ぎ》無《む》文《もん》
発行者　佐藤今朝夫

〒174-0056　東京都板橋区志村1-13-15
発行所　株式会社　国書刊行会
TEL. 03(5970)7421(代表)　FAX. 03(5970)7427
http://www.kokusho.co.jp

落丁本・乱丁本はお取替いたします。
印刷・明和印刷㈱　製本・㈲青木製本

既刊

蘇東坡 禅喜集 全2巻

飯田利行 訳

B5判・上製函入・総四八八頁　揃定価：18,900円（税込）

道元禅師は、蘇東坡《そとうば》を〝筆海の真竜〟とたたえ、湛然居士は〝真人中の竜なり〟と絶賛した。

赤壁の賦や唐宋八大詩人として名高い蘇東坡の禅味あふれる詩境を伝える幻の書『禅喜集』——現代語訳ついに完成！

「声に出して読む朗誦《ろうしょう》こそ、漢詩文を味わう最良の道」と説く飯田利行師の訳文は、音読しやすく、耳で聞いてわかりやすい。

全原文を収録し、現代語訳を初公開!!

【内容一覧】

頌第一
釈迦文仏の頌／阿弥陀仏の頌／観音菩薩の頌／石洛の画ける維摩の頌／十八阿羅漢の頌他

賛第二
如来出山の相の賛／阿弥陀仏の賛／繍仏の賛／静安県君許氏が繍れる観音の賛／夢に応う観音の賛／傅大士の賛／観音の賛／羅漢の賛／水陸法の像の賛／上八位／下八位他

偈第三
霊感観音の偈／無名和尚観音を頌するの偈／蔵真が布袋和尚を画けるを観るの偈／木峰の偈／海印禅師を送る偈／南屏に水を汲むの偈／仏心鑑の偈／僧応託を送る偈他

銘第四
真相院の釈迦舎利塔の銘／広東の東莞県の資福寺の舎利塔の銘／南海軍の常楽院が新たに経蔵を作るの銘他

記第五
大悲閣の記／勝相院経蔵の記／光州資福寺の羅漢閣の碑の記／薦誠禅院五百羅漢の記／羅漢を夢みて応うるの記他

書諸経後第六
孫元忠が書する所の華厳経の後に処す／金光明経の後に書す／楞伽経の後に書す／金剛経の跋尾他

序伝文疏
銭塘の僧思聰が孤山に帰るを送るの叙僧円沢伝／南華の長老重弁の逸事／竜井の弁才を祭るの文／銅の亀子を捨むるの文／浄慈の法涌禅師を請じて都に入るの疏／怪石の供他

禅喜紀事第八
（計一十七条）

仏印問答語録第九

既　刊

CD版 禅門引導の手引き

編集・白山道場／吹込・小池心叟

定価：3,150円（税込）

迫真の引導法語がCDに！

若い住職・副住職の方々に引導文の作り方・唱え方を白山道場龍雲院の師家が、親しく伝授するCD！

付属の小冊子には、老師が引導を作られたときに記録されていた備忘録をそのまま影印版で掲載。引導作成の際の老師の綿密さが窺える。

〈老師の米寿記念出版〉

【収録内容一覧】

漢学者……………5分55秒
日本画家……………4分33秒
会社役員……………4分32秒
テレビカメラマン……………4分14秒
出家者……………5分10秒
（全24分48秒）

小冊子（120㎜×120㎜・16頁）
再刊の辞……………岩田文雄
引導法語原文……………小池心叟
あとがき……………鈴木省訓